Tatiana Goritschewa

Die Kraft
der Ohnmächtigen

Weisheit aus dem Leiden

R. BROCKHAUS VERLAG WUPPERTAL

ABCteam

ABCteam-Bücher erscheinen in folgenden Verlagen:

Aussaat- und Schriftenmissions-Verlag Neukirchen-Vluyn
R. Brockhaus Verlag Wuppertal
Brunnen + Brunnenquell-Verlag Gießen und Basel
Christliche Verlagsanstalt + Sonnenweg-Verlag Konstanz
Christliches Verlagshaus Stuttgart / Oncken Verlag Wuppertal und Kassel

1. Auflage Juli 1987
2. Auflage November 1987
3. Auflage Februar 1988

© 1987 R. Brockhaus Verlag Wuppertal
Umschlaggestaltung: Carsten Buschke, Leichlingen 2
Umschlagfoto: Black Star – ZEFA, Düsseldorf
Gesamtherstellung: Breklumer Druckerei Manfred Siegel KG
ISBN 3-417-12398-4

Dieses Buch ist aus Interviews entstanden, die Tatiana Goritschewa im Mai vorigen Jahres gegeben hat. Es waren wenige Tage gemeinsamen Lebens, in denen das Verständnis dafür wuchs, was es für russische Emigranten bedeutet, in den Ländern des Westens zu leben. Das Heimweh nach der Wärme menschlicher Nähe und geistigem Leben und der vergebliche Versuch, in der unterkühlten Atmosphäre des Westens und seiner Kultur Wurzeln zu schlagen, schärfen ihnen den Blick für unseren Mangel.

Tatiana Goritschewa diagnostiziert jedoch nicht; sie lockt in den Raum des vertrauenden Gesprächs, in den Raum Gottes und seiner Gemeinde, der sie das Bild der biblischen Jüngerschaft vor Augen hält und die vielen Angebote Gottes für ihren Dienst in der Welt. Warum bedient Ihr Euch dieser Gaben nicht? Die Frage richtet sich an uns – ohne Vorwurf, eher mit der weiteren Frage: Warum seid Ihr so arm? Es ist doch alles da, übergenug für Euch und alles, was um Euch herum lebt!

Diese Antworten Tatiana Goritschewas können, wenn sie sorgfältig gelesen werden, die eigene Beziehung zum Nächsten, zu sich selbst, zu Gott verändern, und genau das ist es, was sie sich mit ihren Diensten hierzulande und überall in der westlichen Welt wünscht.

INHALT

»Das weite Land im Osten,
das einzige, durch welches Gott noch
mit der Erde zusammenhängt,
hat immer noch sein Märtyrerzeitalter.
Denn neben den fieberhaften Entwicklungen
der nachbarlichen Kulturen
bleiben ihm breitere Atemzüge, und in langsamen,
immer wieder zögernden Schlägen
geht seine Entwicklung vor sich.
Der Westen (. . .) hat Jahrhunderte gehabt,
während neben ihm, in dem Reiche Ruriks,
noch der erste Tag dauert,
der Tag Gottes, der Schöpfungstag.«

R. M. Rilke, 1900

I. Prüfungszeit – beste Zeit

Zu den Grundgedanken des orthodoxen Christentums und unserer russischen Väter gehört seltsamerweise das Martyrium – seltsam nur für den westlichen Christen, vertraut und fest verankert im Alltag des Gläubigen bei uns. Was denn auch jedermann nachprüfen kann, da wir in diesem Jahrhundert in Rußland mehr Märtyrer haben als in allen früheren Jahrhunderten zusammen.

Nicht alle von denen, die litten und getötet wurden, waren Märtyrer; aber viele haben sich wirklich für Gott geopfert, und es gab nur wenige Apostaten.

Nun ist unsere Kirche schon immer Staatskirche gewesen, und obwohl man nicht sagen kann, sie sei eine bürgerliche Kirche gewesen – eine ziemlich durchschnittliche Kirche war sie doch. Aber in der Zeit der Prüfung haben sehr wenige Menschen Christus verleugnet. So wurde auch bei uns das Blut der Märtyrer zum Samen der Kirche: Sie lebt und wächst.

Wir haben Wellen von Prüfungen erlebt, und immer wurde gelitten. Aber dieses Leiden geschah im Verborgenen. Deshalb hatte unsere Kirche in ihren Anfängen viel weniger Märtyrer als etwa die griechische Kirche. Erst in diesem Jahrhundert hat uns Gott die Gnade geschenkt, wirklich für ihn zu leiden – auch offen und sichtbar für alle Welt.

Deswegen ist diese Zeit für unsere Kirche die beste Zeit. Es ist die Zeit der Blüte. Die Kirche, die äußerlich fast keine Kraft hat, ist innerlich so stark, so rein, so lauter geworden, daß sie nun wirklich Kirche ist. Sie ist keine Organisation, keine Institution: Es ist der Leib Christi, der leidet; der Leib Christi, der gekreuzigt wurde und auferstanden ist.

Ich kann nicht sagen, daß es bei uns eine Kirche in der Kirche gäbe.

Überhaupt erscheint mir diese Teilung zwischen der Untergrundkirche und der offiziellen Kirche nicht berechtigt. Ihr habt hier in Deutschland schon von Luther her in der protestantischen Kirche die sogenannte Kerngemeinde, um die sich die Volkskirche herumgruppiert. Die Kerngemeinde besucht die Gottesdienste und nimmt am Abendmahl teil; sie versucht, ihr Leben nach der Heiligen Schrift zu leben, ein Leben des Glaubens, während um sie herum die vielen Getauften sind, die sich weder um kirchliches Leben noch um geistliches Leben bemühen, sondern die ihre Zugehörigkeit zur Kirche – früher noch mehr als heute – eher als eine Art Versicherung für ihre bürgerliche Existenz verstehen, am Ende auch für das christliche Begräbnis. Deshalb der Kern der Kirche und das Umfeld da herum, das eigentlich nur Evangelisationsfeld ist.

Bei uns ist das natürlich nicht so, weil wir inzwischen eine ganz andere Kirche haben, und es ist praktisch unmöglich, sie überhaupt so zu verstehen – daß da ein Kern in der Mitte wäre und um ihn herum noch so etwas wie Kirche. Wir sind alle aneinander verbunden durch das Gebet der Kirche, und zwar in einem tiefen Sinn. Es gibt Klöster – das sind die Stätten des Gebets par excellence –, wo man wirklich viel spannender lebt als in der Welt. Sie bilden das Zentrum unserer Kirche. Aber viele Christen leben draußen in der Welt nicht weniger spannend als die im Kloster. So gibt es praktisch keine Kluft zwischen dem Kloster und der Welt; es gibt keine besondere Elite, die tagaus – tagein betet und fastet, und daneben die anderen, die »Normalen«, die nur manchmal beten und fasten.

Nein, so ist das nicht.

Das Kloster ist bei uns die totale Spannung des Lebens; das ist die Norm. Aber auch in der Familie lebt man wie in einem Kloster, und manchmal noch strenger, noch geistiger, obwohl es natürlich auch da Christen gibt, die weniger beten, und solche, die viel mehr beten.

Aber wichtig und auch interessant ist, daß alle diese Gläubigen praktisch Märtyrer sind. Das ist auch ganz klar, denn der Märtyrer ist der Zeuge.

Es ist bei uns selbstverständlich, daß alle Menschen das Zeugnis ihres Glaubens ablegen müssen, alle Christen, und das ist christlich.

In der Geschichte ist das auch so gewesen.

Als das Christentum in den ersten Jahrhunderten verfolgt wurde, gab es die physischen Märtyrer. Als die Verfolgung aufhörte, sind die

Menschen in die Wüste und dann in die Klöster gegangen, weil ihnen das Leben draußen zu bequem wurde. Das Leben der Mönche in den Klöstern hat man das »grüne« Märtyrertum genannt, weil jeder Mönch jede Sekunde zu sterben bereit sein muß, jeden Tag sterben für Christus – »allezeit das Sterben Jesu an unserem Leibe tragen«, schreibt der Apostel Paulus, »damit auch das Leben Jesu an unserem Leibe offenbar werde« (2. Korinther 4,10).

Praktisch ist das für jeden Christen so. Im Kloster wird das besonders klar ausgedrückt.

In unserer russischen Geschichte kann man das auch beobachten. In den Jahren der großen Verfolgung der Kirche, z.B. in den 30er Jahren, gab es in Rußland kein einziges Kloster mehr, weil man Millionen Christen wirklich umgebracht hatte; und die Mönche, die noch lebten, befanden sich in den Straflagern. Damals hat man die Klöster als Orte des grünen Märtyrertums gar nicht gebraucht.

Heute haben wir eine bessere Zeit. Die Kirche wird nicht so grausam verfolgt, und so haben wir heute schon wieder achtzehn Klöster in Rußland. So bleibt die Kirche sozusagen in einer Art innerem Gleichgewicht.

Das ist sehr interessant.

Man wird immer von Gott beschenkt: Entweder sorgt grausame physische Verfolgung für das Glaubenszeugnis der Sterbenden, oder die Lebenden bereiten sich in den Klöstern für die Endzeit vor – Märtyrertum oder Eschatologie.

Jetzt findet man die Christen auf dem Weg in die Klöster. Dort ist es streng – das Gebet, das Fasten, das ganze innere Leben ist hoch gespannt.

Die Kirchen im Westen haben den Charakter des Zeugen weitgehend verloren. Das ist für mich ein Schock, denn die meisten Christen, die ich getroffen habe, unterscheiden sich gar nicht von den Nichtchristen. Sie wissen auch nicht, warum sie Christen sind, und können über ihren Glauben nichts sagen. Sie verstehen das nicht zu vermitteln. Sie leuchten nicht. Sie haben keine Ausstrahlungskraft. Sie haben kein Gesicht. Auf ihren Gesichtern kann man das Bild Gottes nicht entdecken. Das heißt: das Leben dieser Christen ist ganz horizontal. Es gibt praktisch keine Ereignisse, die sie als von Gott kommend verstehen würden; nichts, was ihr Leben auf Gott ausrichten könnte. Gott existiert für sie nicht.

Das Christentum ist auch geschichtlich. Diese Menschen aber haben keine christliche Biographie und – im besten Sinne des Wortes – kein christliches Schicksal.

Schicksal ist ein zweideutiger Begriff. Ich meine: Sie haben keine Erfahrung, daß es Rettung gibt und daß sie an der Grenze zwischen Leben und Tod stehen und jede Sekunde von Gott abhängig sind.

Das Problem für viele Christen, die wirklich gute Christen sein wollen, besteht ja darin, daß sie zu viel machen, wo man fast nichts machen muß. Die erste Stufe aber ist einfach dies: Gott an sich handeln und an sich wirken lassen.

Man hat diese Kultur verloren. Diese Kultur zu beschreiben ist sehr schwer. Ich will nur ein Beispiel geben:

Ich habe vor kurzem mit einem Priester gesprochen, einem jungen Priester. Er arbeitete hier im Westen. Er hat alles versucht, um die Jugend, die aus der Kirche weggeht, in die Kirche zurückzuholen. Er hat Arbeitskreise geschaffen, alles mögliche organisiert, jeden Tag bis abends zehn Uhr. Er hat fast nie geschlafen, ist abgemagert, nervös geworden, und es hat nichts geholfen.

Jetzt hat er gesagt, er habe Angst, überhaupt noch etwas zu tun. Jetzt sitzt er in den Ruinen einer zerstörten Kirche, eine kleine Gruppe von Christen um ihn herum. Er sitzt dort in den Ruinen und ist sozusagen ganz passiv und ganz Gott geöffnet, nur im Gebet, einfach in dieser totalen Passivität, in der er zuläßt, daß Gott wirkt. Und die Jugend kommt zu ihm. Hunderte kommen jeden Tag.

Auch das ist eine Erfahrung hier im Westen. Sie nennen diese Ruine ihre Wüste. Sie ist in der Nähe von Wien.

Also die Wüste – das ist ein Ort, wo alles fehlt. Wo sich kein Anspruch bemerkbar macht, daß man eine Rolle spielen oder etwas machen wolle oder irgendwie wichtig sei.

Wo nur Gott da ist.

Wir leben praktisch alle in der Wüste, besonders wir hier im Westen. Alles ist bei uns zerstört. Ich glaube nicht, daß es in dieser Welt noch etwas gibt, das einen anziehen könnte. Die Werte sind zerstört. Die Persönlichkeiten sind zerstört. Es gibt in dieser Welt kaum noch

Menschen, die anziehen, solche heiligen Menschen. Es gibt keine weltlichen Dinge, die einen noch faszinieren könnten. Wir leben praktisch auch in einer Wüste; jedoch ohne Werte, ohne Dinge, ohne große Ereignisse.

Im Gewissen hat das Auge Gottes
mich erblickt,
und nun ist es mir unmöglich
zu vergessen,
daß dies Auge mich sieht.
Dies, daß Gott auf mich sah,
bewirkte, daß ich auf Gott sehen mußte
und immer sehen muß.

Sören Kierkegaard

II. Warten mit offenen Händen

Wer sich aus der Zivilisation zurückzieht, kann trotzdem ein Snob sein. In einer geistigen Wüste kann das nur einer sein, der nicht merkt, daß da nichts ist. Wer es aber begreift, der muß nicht einem resignierenden Nichtstun verfallen. Er kann wie jener Pfarrer die Hände öffnen und sie sich von Gott füllen lassen – zwangsläufig kommt es dann auch wieder zu aktivem, sinnvollen Handeln.

Auch das Mönchtum in der Wüste hat kultiviert. Auch die russischen Gläubigen haben kultiviert. Sie leben gewissermaßen in der Wüste, aber mit gefüllten Händen. Und sie streuen aufs Land aus, was sie empfangen haben, so daß es um sie herum nun wieder blüht und wächst.

Das ist wirklich so.

Natürlich bin ich nicht für die buddhistische Passivität. Die christliche Passivität ist anders.

Ich will ganz konkret sprechen: Im Westen haben wir wie überall zwei Typen von Heiligen. Es gibt den in der Ruine, in der Wüste, vor allem meine ich einen Typus des Heiligen, den ich wirklich im Westen getroffen habe und der überzeugt. Ich denke an Mutter Teresa und an l'Abbé Pierre hier in Paris. Das sind die Menschen des Engagements, die sich einsetzen. Sie setzen ihren Glauben um in Handeln und tun so viel Gutes, daß sie sich in dieses Tun ganz hineinopfern.

Das ist natürlich keine Passivität.

Aber beide handeln nicht aus eigener Kraft. Ich würde sagen: Ihr Ruhen ist ein Leben in der Gnade. Was uns auch hier wie Passivität anmuten könnte, ist in Wirklichkeit Warten auf Gott; daß sie immer zulassen, daß Gott handelt. Und weil sie ihre Grenzen kennen, wissen sie auch, daß sie alles nur durch die Gnade tun können.

Es ist ganz klar: Sie sind auch aktiv. Das Gleichgewicht von Passivität und Aktivität in ihrem Leben ist von Gott bestimmt.

Man muß die Geister unterscheiden. Aber dieser Typus des Heiligen wie Mutter Teresa und l'Abbé Pierre ist im Westen bestimmend.

In Rußland erleben wir einen ganz anderen Typus der Heiligkeit: Das ist der russische Mönch oder auch die alte Mutter, eine Nonne, eine einfache Frau, Menschen, die ganz im Gebet leben, wirklich genial und tief im Gebet, und die es verstehen, geistig nicht nur zu helfen, sondern geistig zu führen. Sogar Wunder wirken sie und heilen.

Diese Charismatiker sind der klassische Typ unserer Heiligen. Es gibt sie auch im Westen, aber nicht so viel. Diese Männer und Frauen leben heute mit dem Volk und nicht irgendwo verborgen hinter den Mauern. Sie können auch verborgen sein, aber nicht lange – dann strömen die Leute zu ihnen hin.

Diese Heiligen leben im Glauben und in der Liebe. Sie tun dasselbe wie Mutter Teresa: Sie helfen Tausenden von Menschen durch das Gebet, durch Geld sogar, das sie sammeln und verteilen und weswegen viele auch verhaftet sind, denn das ist verboten. Aber sie finden immer den Weg zu den Menschen, auch um ihnen konkret zu helfen.

Das ist unser russischer Typus. Er kommt wirklich aus der geistigen Kultur: aus einem Gebet, das sehr, sehr tief ist, eine Tiefe, die uns »Weltlichen« praktisch unerreichbar ist. Es gehören viele Jahre dieses besonderen Gesprächs – des Hörens und Redens – mit Gott dazu. Das kann nicht einfach eingeübt werden. Eine geistige Führung ist dazu notwendig, die man hier im Westen irgendwie verloren hat. Ich habe es hier noch nicht erlebt, daß man lehrt, wie man beten muß.

Sicher gibt es Bücher, die lehren, wie man beten soll. Aber das geht nicht so in die tiefste Tiefe. Ich meine ein anderes Niveau. Mein Gebet ist sehr, sehr schwach, aber ich habe Gläubige gesehen, die nur durch das Gebet leben. Es ist unvorstellbar und bringt doch solche Früchte, wie wir uns das kaum vorstellen können.

Du kannst natürlich fragen, ob es denn mehr als diese Nähe zu Gott gebe, die der Beter erlebt und aus der heraus er dann auch sein geistliches Leben lebt.

Im Gebet unmittelbar vor dem Angesicht Gottes sein – dazu gehören Stille und Zeit, ein Abgeschlossensein von anderen und eine ganz entschiedene Ausrichtung auf Gott hin. Das kann natürlich auch der westliche Christ erleben, wenn er sich wirklich Gott öffnet.

Nein, es gibt nichts Höheres und Tieferes, als bei Ihm zu sein. Gott sagt: Wenn ihr mich sucht, dann lasse ich mich finden.

Ich will also nicht sagen, daß nur die Mönche Gott finden. Nein, ein Christ, der einer ist, muß das haben. Aber es gibt im Osten geistliche Väter, die Starzen, die in großer Abgeschiedenheit und Stille leben und ihren Dienst an den Menschen aus dieser Stille mit Gott heraus tun und deshalb auch ein tiefes Wissen vom Menschen haben.

Vor Gott unterscheidet diese Starzen nichts von den Menschen hier, die mit Gott leben. Man kann nicht sagen, die einen seien besser als die anderen. Die Starzen z.B. leben mit dem Gefühl, daß sie die größten Sünder sind. Und doch gibt es Unterschiede.

Die Starzen haben – menschlich gesprochen – eine Erfahrung, die ich bei nur wenigen Christen hier im Westen beobachtet habe und die am wenigsten uns in der Welt lebenden Christen zugänglich zu sein scheint: Das ist ihr immerwährendes Gespräch mit Gott und der daraus folgende vertraute Umgang mit ihm. Sie sind so freimütig, daß sie wirklich als die, die sie sind – Menschen, Sünder –, mit Gott reden und in dieser Freimütigkeit des Gebets von Gott sehr viel erhalten: Kräfte und Gaben, um die Menschen, die ihnen zuströmen, zu ertragen und ihnen zu helfen.

Sieh mich an, ich glaube an Jesus Christus und lebe von der Vergebung der Sünden – aber durch meinen Beruf, der mich mit weltlichem Denken befaßt sein läßt, bin ich auch in weltliches Denken verstrickt.

Ich suche zu verstehen und verbringe viel Zeit mit der Frage nach dem rechten Verständnis solcher Denker, die zum Teil Christen, zum Teil keine Christen sind – zwangsläufig breitet sich in mir ein Mangel an Gottesbeziehung aus, meine Mittelmäßigkeit erlaubt mir nicht diesen Freimut, und meist habe ich nicht die Kühnheit vor Gott, um diese Gaben einfach zu bitten.

Die Verborgenheit von Gottes Gegenwart
wird von wenigen wahrhaft geglaubt.
Aber wenn jeder sie wahrhaft glaubte,
so würde die Welt voller Heiligen
und die Erde ein wahres Paradies sein.

Gerhard Tersteegen

III. Das Mittelmaß ist nicht genug

»Selig sind, die reinen Herzens sind, denn sie werden Gott schauen«, sagt Jesus Christus. Etwas davon bemerkt man bei den Starzen. Die können Gott sehen – geistig sehen. Das Geistige ist keine Zwielichtigkeit, keine Psychologie. Die geistige Schau schenkt ihnen Gott, so daß sie z.B. auch Dämonen »sehen« – geistige Wesen und Kräfte, die wir nur vermuten können und andere noch nicht einmal das, weil sie stumpf sind. Aber die Starzen, die um Jesu Christi willen in Gebet und Fasten, in Liebe und Opfer und Einsamkeit leben, bieten sich dem Heiligen Geist als ein leeres Gefäß an, das er füllen soll, als ein Instrument, um wirklich diese geistige Welt zu fassen.

Aber praktisch riskieren sie noch mehr, denn auch hier kann sich der Stolz breitmachen – und bei den Hilfesuchenden die Menschenverehrung.

Ja, es gibt Geschichten von großen Heiligen unter den Starzen, die gefallen sind und dann einfach wahnsinnig werden. Ihre Existenz ist viel schwieriger als unsere, weil sie von allen Höllenkräften versucht und gequält werden. Man kann sich also kaum vorstellen, was für ein dramatisches Leben das ist und was für ein Kampf da im Herzen ausgefochten wird.

Ich habe diese Menschen in den Klöstern erlebt, aber auch in der Welt. Mich beeindruckte dann immer die Verbindung von Liebe und Strenge.

Sie sind sehr streng, und sie fordern von uns, daß wir auch streng sind, daß wir nicht mit dem Mittelmäßigen zufrieden sind, sondern daß wir das Höchste suchen.

Und dann diese Liebe: daß die Vergebung für alle und alles reicht, daß sie im Auftrag Gottes alles verzeihen, daß sie versöhnen und trösten will.

Der Geist des Trostes – das ist der Heilige Geist, der nicht noch mehr verletzt, noch mehr zerreißt, verwundet, sondern der heilt und tröstet. Davon fließt ihre Liebe über, und ich hatte immer den Eindruck, daß sie bereit sind, für jeden von uns zu sterben, für jeden kleinen und großen Sünder.

Wer so mit Gott im Heiligen Geist lebt, für den ist auch Sterben Gewinn.

Wenn du einen Starzen kennengelernt hast, kannst du nicht mehr so weiterleben, wie du gelebt hast; du mußt auch so leben, wie er lebt. Natürlich ist sein Vorbild unerreichbar für uns, aber es ist unmöglich, wenn man wirklich Christ ist, in den Heiligen einen Ersatz für die eigene Unheiligkeit zu sehen – ein Parasit zu sein. Das wäre das Schlimmste.

Man muß immer schöpferisch leben. Es ist ja Gott allein, der diese Starzen hält. Nichts Menschliches ist daran.

Es entsteht aber auch kein Gefühl des Neides – das habe ich nie gehört oder gelesen. Auch nie selbst empfunden. Dafür ist solch ein Starzenleben auch viel zu entbehrungsreich.

Wir lieben unsere Starzen. Aber diese Liebe kann auch manchmal gefährlich werden: Es entstehen alle möglichen Bindungen, erotische sogar, erotische Übertragungen. Die Starzen wissen das sehr gut, und sie verstehen solche Bindungen auch zu brechen oder von vornherein zu vermeiden. Dann können sie in jeder Hinsicht sehr streng und hart, geradezu grausam sein.

Natürlich ist das Menschliche da – auch bei ihnen. Aber die Liebe zu den Starzen soll rein sein. In Dostojewskis »Die Brüder Karamasow« wird diese Liebe des jungen Aljoscha zum Starzen gut beschrieben. Wer sonst als ein ganz Gott Hingegebener könnte besser als Gottes Ebenbild verstanden werden! Unsere Ikonen versuchen, solche Gott hingegebene Menschen zu zeigen, und deshalb lieben wir sie so sehr.

Die Starzen sind die Zeugen unserer Kirche. Wir können nicht so ohne weiteres die Struktur der orthodoxen Kirche, der geplagten, der Märtyrerkirche in Rußland, auf die Kirchen im Westen übertragen. Aber man sollte sie kennenlernen. Man sollte das, was Gott an der russischen Kirche tut, sehen und Gott bitten, daß er dem Westen nicht weniger schenkt als ihr.

Auch der westliche Christ braucht – sozusagen als ein Leitbild, als Hilfe, um sein Leben wirklich als Christ zu leben – das Bild des Heiligen, des Märtyrers, des Zeugen – oder besser: das Leben des Zeugen. Aber man muß sich klarmachen, daß das Märtyrertum praktisch eine Gnade ist. Man kann das nicht als eine menschliche Sache verstehen. Es gibt schon viele Märtyrer, die falsche Märtyrer sind. Es gibt viele Menschen, die Masochisten sind und die das Leiden lieben, ohne zu fragen, wofür oder warum sie leiden. Auch in Rußland wollen viele Menschen Märtyrer sein. Aber es gelingt ihnen einfach nicht: Sie sind nur Dissidenten, ganz »normale« Christen, einfache leidende Menschen. Sie können keine Märtyrer sein, weil sie ihr Zeugnis zurückhalten, wo sie reden sollten, und reden, wo sie schweigen sollten. Sie lieben ihr eigenes Leben, ungeführt und deshalb ohne Kraft.

Ich kann nicht verstehen, wie die Kirche des Westens ohne dieses lebendige Zeugnis auskommt. Aber diese westliche Welt braucht Zeugen, hier, wo die Kultur doch christliche Wurzeln hat, eine christliche Tradition, und von Europa erwartet man auch heute sehr viel, sowohl in der Dritten Welt als auch bei uns in der Zweiten. Man erwartet viel, weil Europa in unseren Augen christlich ist. Man sucht hier also genau das, was fehlt: Die Zeugen, die sich zu ihrem Glauben bekennen ohne jede Angst vor negativen Folgen, die es ja auch hier gibt: Spott, Verachtung, und, wenn in dem Glaubenszeugnis Kritik liegt, auch Widerstand.

Ich habe schon solche Zeugen gesehen, vor allem diese Heiligen, die sich einsetzen für die Sterbenden, für die Kranken, für die Leidenden – die das Leid mittragen, nicht nur durch irgendwelche gute Taten, sondern indem sie nicht nur ihr eigenes Kreuz, sondern auch noch das der anderen mittragen, und weil sie das mit Gottes Hilfe tun.

Der heilige Franziskus meinte es wirklich aufrichtig,
wenn er sagte, er habe das Geheimnis des Lebens
im Dienen und Sichunterordnen gefunden.
In solchem Dienen war letzten Endes
eine Freiheit zu finden,
die fast an Leichtfertigkeit grenzte.

Gilbert U. Chesterton

IV. Wenn Leiden Gnade ist

Ihr habt hier im Westen Christen, die vor lauter Aktivitäten sprühen. Auch unter solchen gibt es Heilige, die sich wirklich verausgaben. Vielleicht aber gibt es auch jene anderen, die eher contemplativ sind und wie die orthodoxen Heiligen Stille und Einsamkeit suchen; die die Wüste und in dieser Wüste Gott suchen und mit Gott leben und in der Stille auf ihn warten.

Aber wer kennt solche Christen? Wo sind sie?

Ich kenne Kulturpessimisten, die sich aus dieser lauten Zivilisation heraussehnen und in Australien verzweifelt nach Stille suchen.

Hat aber der Christ nicht den Auftrag, in »alle Welt« zu gehen und die Völker zu Jüngern zu machen?

Ja, aber das Beispiel Jesu ist hier verbindlich. Bevor er der satanischen Versuchung ausgesetzt wird, verbringt er vierzig Tage in der Wüste – der Geist führt ihn hinaus! Er redet in der Stille der Nacht mit Gott und beruft aus dieser Stille heraus seine Jünger.

Es muß wohl wieder neu gelernt werden, aus der Hektik unserer Zeit in die Stille mit Gott zurückzufinden und aus dieser Stille heraus, in der Kraft und der neuen Orientierung sich dem Leben wieder zuzuwenden. Das ist sehr schwer, aber es ist einfach unmöglich, ohne diese Stille etwas auszurichten.

Die Zeit ist ein relativer Begriff. Wer in der Hektik lebt, hat keine Zeit, das ist ganz klar. Wenn man dagegen so eine Stunde am Tag betet, hat man zweimal mehr Zeit. Das ist eine Erfahrung der betenden Menschen.

Das ist auch die Erfahrung von l'Abbé Pierre, von Mutter Teresa, von Paulus, von Jesus selbst – denn er betete ganze Nächte durch. Wenn dagegen die Menschen, die sich wirklich engagieren, nicht beten, so bleibt trotz allen Eifers ihr Tun wirkungslos.

Ich weiß, daß es Leid auch hier in dieser westlichen Welt gibt, selbstverständlich nicht nur in der Dritten Welt oder bei uns – ein Leid, das vielleicht nicht so gezeigt wird, sich nicht so offenbart, weil man sich schämt, zu zeigen, daß man leidet.

In dieser oberflächlichen Kultur spricht man über den Erfolg, man zeigt Optimismus, man hat glücklich zu sein.

Im Sozialismus sowjetischer Prägung, wo die Seele des Volkes noch nicht getötet worden ist, schämt man sich, glücklich zu sein. Aber inzwischen sind unglückliche Menschen auch bei uns zweitrangige Menschen – so will es die nicht weniger oberflächliche kommunistische Propaganda.

Hier, in dieser lustigen Welt, trennt man das Leben vom Leid, man versteckt das Leid irgendwo im Hochhaus, im Altenheim, im Krankenhaus. Oder man spült es mit Alkohol hinunter, verdrängt es mit Hilfe von Drogen. Aber man kann auch politisches Kapital daraus schlagen.

In Rußland hat man das schon überwunden. Dort leidet man so, daß man es praktisch nicht mehr verbergen kann. Der Wodka regelt das nicht mehr.

Man will es auch nicht mehr verbergen, weil man den Wert des Leidens wieder entdeckt hat. Die Christen haben ihn entdeckt, aber nicht nur sie.

Es gibt Menschen, die nicht Christen sind, die aber wie Christen leben. Für sie ist das Leiden eine Art Heilmittel gegen die Leere, gegen Sinnlosigkeit. Sie leben wie Sacharow, der kein Christ ist, aber wie ein Christ lebt. Er war wirklich erschüttert, als er das Leiden der Menschen sah. Und in seiner Erschütterung hat er beschlossen, sich selbst auch zu opfern. Da Sacharow kein Christ ist, aber doch den Weg des Leidens entdeckt hat, geht er ihn!

Er geht diesen Weg nicht allein. Es gibt viele, die das Leiden entdeckt haben und auch, daß es eine Antwort auf das Leid gibt und daß nur die Liebe eine Antwort darauf hat. Daß man das Leid nicht mit Hilfe der Gewalt oder irgendwelchen politischen Ansätzen sofort bekämpfen muß. Sogar Nichtchristen haben es als geistiges Heilmittel entdeckt.

Für die Christen ist das ohnehin klar. Unsere Frauenbewegung hat niemals mit irgendwelchen politischen Ideen versucht, das viele Leid, das gerade Frauen zu tragen haben, zu mildern. Sie hat nach dem Sinn des Leidens gefragt.

Wir haben keine Vorschläge zur Leidensmilderung oder Aktionen zur gewalttätigen Veränderung beraten – uns ging es um den

Prozeß des Reifens. Wir wollten wirklich Jüngerinnen und Jünger sein.

Hier im Westen erlebe ich eine große Leidensscheu bei den Christen. Sie schämen sich sogar zu sagen, daß sie leiden oder Not haben. Aber wie sollen diese Christen die Tiefen und damit den Reichtum des Lebens überhaupt einmal erfassen können? Sie schämen sich, anstatt das Leben zu nehmen, wie Gott es gibt – sogar die Christen! Man hat noch nicht entdeckt, wie das Leid den Menschen bereichert, verinnerlicht, wie es den Menschen menschlich macht.

Aber es ist nicht nur Scham, es ist auch Unwille. Es ist eine Glücksphilosophie; der Mensch meint, er habe ein Recht auf Glück, und er weiß gar nicht, was er sich damit selber für ein Leid antut, denn dieser Rechtsanspruch auf Glück zerreißt ihn. Er ist wie ein auf die falsche Bank ausgeschriebener ungedeckter Scheck.

Es ist vielleicht gut, daß man das Glück sucht. Denn eigentlich sollten die Christen wirklich die glücklichsten Menschen sein. Aber wie man und wo man es sucht – darauf kommt es an. Die meisten mischen da von jedem etwas zusammen: Ein bißchen – nicht zu wenig! – Geld, etwas Fernsehen, etwas Reisen, etwas Kultur, etwas Wissenschaft, von allem etwas. Das Haben wird ganz groß geschrieben. Und so sucht man das Glück an der falschen Stelle. Man versteht nie, daß Glück mit dem Kreuz verbunden ist.

Gott verbirgt das Glück im bestehenden Leid, denn wer das Leid annimmt, erlebt darin auch eine besondere Nähe zu Gott, die jedes andere Glück weit übersteigt.

Diese Erfahrung habe ich gemacht. Sie war leichter in Rußland zu machen, als das KGB mich verhaftete. Ich wußte, daß sie mich eines Tages verhaften würden, aber dann kamen sie doch unerwartet, und eine ganz neue Welt tat sich mir auf, eine dämonische Welt, in der man schon siebzig Jahre lang alles Lebendige tötet, wo die Spezialisten des Mordens sind. Als man mir sagte: »Wir werden Sie in eine psychiatrische Klinik schicken«, und ich hörte, wie man anrief und das Auto anforderte, da habe ich mir vorgestellt, daß mein Leben – nicht nur mein physisches, sondern mein psychisches und geistiges Leben – wirklich an der Grenze zum Tode angelangt war. Nun war das Leid da. Ich befand mich in einer Sackgasse. Das war unbeschreiblich schwer zu ertragen. Und dann habe ich gesagt: »Gott, wenn du willst, dann nimm sogar diese letzte Möglichkeit zu leben von mir.« Und ich kann sagen, daß mich augenblicklich eine ganz andere, eine neue Energie erfüllte, eine solche Ausstrahlung wirklichen Glückes, daß ich mich zu nichts mehr durchringen mußte – ich habe mich einfach geändert. Ich war ein anderer Mensch dort in jenem Zimmer, ein ganz anderer Mensch. Das war eine solche Gnade, wie ich sie niemals vorher erlebt hatte.

Man kann nur wünschen, daß alle Menschen das erleben. Ich glaube, es ist nicht nur das Leid – man könnte so viel, unendlich viel leiden! Es ist einfach die Bereitschaft, das Leid anzunehmen, jenes Leid, das Gott einem in der jeweiligen Stunde zugedacht hat als Gnade. Man soll das Leid nicht suchen. Aber man soll es aufnehmen als Gnade, die einem von Gott geschenkt wird.

Es gibt allerdings Menschen, auch im Westen, die in dieser Grenzsituation leben und wirklich leiden, die aber niemals diese Gnade erleben, und das ist ein Problem, zumindest für mich.

Kafka hat das sehr gut geschildert: der Mensch, der so unnatürlich viel leidet, aber ohne Gnade. Der immer sucht, aber nie findet. Da war das Tor, aber er ist niemals eingetreten, niemals ins Paradies eingetreten, das hinter diesem Tor lag. Das ganze Leben lang hat er darauf gewartet, und nichts geschieht. Er leidet, er ist bereit zu opfern, er ist bereit, sich abzusagen, er ist bereit, zu sterben für andere. Aber nichts geschieht. Er steht vor dem Tor und macht es nicht auf.

Das ist das Problem der Gnade. Man braucht in dieser Situation Gott. Es ist nicht genug, einfach zu leiden, als Mensch zu leiden. Das Ich und das Leid sind nicht genug. Der Dritte muß da sein, und das ist die Gnade: der Heilige Geist.

Deswegen ist es so wichtig, füreinander zu beten, weil man nicht weiß, wann das Gebet dir die Flügel gibt und du plötzlich ein erneuerter Mensch, wie neu geboren, bist.

Es ist sehr wichtig, daß man betet.

Es ist auch wichtig, daß man die Kirche hat. Das ist wie eine Wolke: Du bist nicht allein. Du bist da, wo die Gnade schon irgendwie gewesen ist – wo sie alles für dich vorbereitet hat, damit du leben und das tun kannst, was sie dir zu tun gibt.

Der Gedanke des Leibes Christi?

Ja, der Leib Christi. Er ist hier auf der Erde und wie ein Kind geschützt, weil Gott sich in Christus geopfert hat und die Kirche, die Gemeinde, nun sein Leib ist, durch den Christus in der Welt wirkt: Sein Leib, erfüllt von seinem Geist. Das ist auch meine Erfahrung.

Ich lebe hier sehr schwer in der Emigration. Trotzdem – ich bin Glied dieses Leibes, und das ist alles für mich. Jeden Tag bin ich wie neu geboren, wie ein Kind, das gar nichts braucht, sorgenlos wie die Vögel am Himmel – dadurch, daß ich Teil seines Leibes bin und so zur Kirche gehöre, die mir diese spürbare Kraft gibt.

Das macht auch die Fürbitte – ein Glied am Leibe Christi tritt für das andere ein. Die Fürbitte hilft uns, für die Gegenwart Gottes bereit zu werden, sich ihrer zu freuen, sie tief im Herzen zu erleben – auch im Leiden. Erst jetzt kann das Leiden seine Funktion ausüben; denn es hat seine Funktion, wenn ich als Glied des Leibes Christi leide.

Es gibt viele Spezialisten im Leiden ohne Gott, besonders unter den Frauen; aber auch bei Männern findet man das. Viele depressive Menschen gehören dazu. Sie lieben ihr gottloses Leiden geradezu. Die Depression ist ja hier im Westen *die* Krankheit.

Aber das Leiden, um das es hier geht, ist etwas ganz anderes. Denn das wirkliche Leiden befreit, während die Depression versklavt.

Viele Menschen sind unglücklich, und das ist praktisch eine Sünde. Man erlaubt dem Unglück, daß es einen wegtreibt von Gott und den Menschen. Man ist total allein. Man hat keine Zeit, man hat keine Vergangenheit, keine Zukunft, keine Gegenwart. Man ist wirklich wurzellos. Und das ist der Zustand der heutigen Menschen hier – auch vieler Christen. Sie sind noch mehr Emigranten als ich in dieser Welt, weil sie wirklich unglücklich sind, ganz abgerissen von sich selbst, von dem Boden, von der Gemeinde, von Gott. Und es wäre die Aufgabe der Christen, ihnen nachzugehen und sie in die Gegenwart Gottes wieder hereinzuholen.

Aber das ist das Problem der Zeugenkraft.

Wir alle brauchen solchen warmen Regen
wie er in diesen Nächten flutend fiel –
so muß der Himmel seine Hände legen
in unserer Seelen sanftes Saitenspiel,
damit ein Frühling drin beginnt.
Dann laß den Wind
allein mit Deinem Liede,
und sei nicht bang, daß er es Dir entreißt.
Aus Deiner ersten Frucht kommt lauter Friede,
wenn du Dein Lied auf Flügeln weißt.

R. M. Rilke in einem Brief
an Jelena M. Woronina
am 20. Mai 1899

V. Die Kirche ist reich für alle

Wenn die Kirche reich ist, wenn die Kirche normale Kirche ist, dann hat diese Kirche viele Charismen und nach dem Evangelium »viele Wohnungen« – für jeden Menschen Raum genug (Johannes 14,2).

Nicht nur die Priester, jeder Gläubige bietet dem, der das neue Leben in Gott sucht, solchen Lebensraum an, denn jeder Mensch ist ein Abbild Gottes, und der im Glauben lebende ist es auf besondere Weise, das spürt man sofort. Und die Gemeinschaft dieser Gläubigen ist die Kirche, das Haus Gottes, das Zuhause für alle, die unterwegs sind, in das wir einladen sollen. Und in diesem Haus Gottes ist jeder Christ ein Priester, wie der heilige Paulus sagte; wir alle sind das heilige Priestertum und dazu berufen, die Welt mit dem Evangelium zu erleuchten.

Aber gerade jetzt, wo man den Eindruck hat, daß das Christentum hier im Westen an Wirkung einbüßt, konzentriert sich das Interesse der Christen auf den eigenen Kreis. Die Gläubigen suchen, anstatt nach außen zu wirken, die Gemeinschaft und erzeugen da eine ungesunde Hitze, anstatt hinaus zu den unbequemen Ungläubigen zu gehen und sich den Wind um die Ohren wehen zu lassen.

Hier suchen alle nach Komfort; der Materialismus ist ihre Ideologie. Sie kommen aus der Kälte dieser Ideologie und suchen Wärme, die praktisch aber keine Wärme ist, sondern eine künstliche Hitze, die sie bequem macht und in einer Form des Kollektivs zusammenhält, die sich dann in eine Sekte verwandelt, eine Gruppe, die sich selbst pflegt und aufbaut und zu einer Hybride heranwächst und eines Tages abstirbt, ohne die eigene Umgebung oder gar die Welt verändert zu haben.

Kirche ist anders. Sie hat kosmische Dimension, eine Dimension der Gegenwart, der Vergangenheit, der Zukunft. Alle verstorbenen Heiligen gehören dazu. Praktisch ist die Kirche größer als die Welt, größer als die Zeit. Sie ist weit – sie umfaßt als der Leib Christi alle Gläubigen aller Zeiten. Wenn man in der Kirche lebt, ist man universal. Wenn der letzte Mensch leidet, dann leiden alle. Es ist ein Gefühl des allgemeinen Mitleidens, der Verantwortung aller für alle.

Es hat mir Leid bereitet, daß die Menschen sich hier in Gruppen versammeln, in tausenderlei »Bewegungen«, ohne Leben um sich herum zu verbreiten. Man bewegt sich im Kreise – im eigenen Kreis.

Es ist schon gut, daß die Kirche besser ist, als einfach nur bürgerlich zu sein – aber sie ist verbürgerlicht, und was sich da absondert, macht alles noch schlimmer, weil man stolz ist, weil man sich für besser hält, weil man meint, alles besser zu machen als andere, man also eine besondere Gruppe ist, in deren Erhaltung und Veredelung man alle Kräfte investiert, anstatt sich denen zuzuwenden, die draußen in der Kälte stehen.

Ich bin dankbar, daß es bei uns in Rußland solche Bewegungen praktisch nicht gibt – nicht nur, weil die Sowjetunion gegen das alles kämpft, sondern weil die Kirche da ist in ihrer Einfalt, in ihrer ursprünglichen Einheit, die es unmöglich macht, sie zu zergliedern.

Diese lebendige orthodoxe Kirche hat bei uns keine Möglichkeit, sich zu artikulieren. Sie kann folglich auch keine besonderen Richtungen entwickeln oder fördern oder bekämpfen.

Man kann natürlich fragen, ob eine einzelne lebendige Gruppe nicht auch in die verbürgerlichte Kirche hineinwirken kann, so daß diese sich verändert. Ich habe schon ein paar solcher Gruppen getroffen – Gruppen, die sich der Welt schenken – auch mit ihrer Offenheit: Sie laden Menschen ein – etwa zum Essen, zum Gespräch, zu gemeinsamen Programmen. Sie lassen sich auch einladen und vermitteln so das Gefühl der Freiheit und nicht, daß das so gemacht werden *muß*, wie sie es gerade tun.

Ich meine, daß die ganze Kirche und jeder einzelne Christ den Ausweg aus seinem privaten Leben finden muß, daß er den anderen sucht, weil Gott der Andere ist. Gott ist immer der Andere: »Ihr habt *mich* aufgenommen ... gekleidet ... besucht ...« – oder: »Ihr habt dies mir nicht getan«, wenn ihr euch und eure Hilfe den Armen, Gefangenen usw. versagt habt (Matthäus 25,31ff.).

Es ist doch merkwürdig, wie man hier im Westen und in Nordamerika über die Folgen dieser Katastrophe in Tschernobyl für die eigene Gesundheit spricht, darüber, daß man vergiftet sein könnte, daß man in ganz Polen keinen Urlaub machen kann, daß man – – man spricht nur über sich selbst, man hat Angst vor dem Verlust, denkt aber niemals über den andern nach, wie der andere lebt oder wie der andere stirbt. Hat etwa irgend jemand Kontakt zu den Opfern von Tschernobyl gesucht? Hat jemand nach den jungen Menschen gefragt, die dort aufräumten und »entsorgten«?

Das ist nicht nur ein Einzelfall – man denkt hier im Westen überhaupt zuviel an sich selbst. Es gibt einen französischen Philosophen, Jean Baudrillard, der über ein Phänomen der dicken Menschen geschrieben hat, das besonders in Amerika verbreitet ist: Diese Dicken haben nicht nur keine Angst, unschön zu sein, sie wollen gar nicht schön sein – wen geht das schon etwas an! Auch die Nudisten sind sehr oft nicht schön – sie haben keine Angst, nackt und häßlich zu sein, weil sie selbst an den anderen vorbeisehen – man braucht den anderen nicht. Ganz allein ist man. Man will so allein bleiben. Man ist zufrieden mit sich selbst.

Das ist eine Erscheinung, die es nur im Westen gibt. In der Dritten Welt oder bei uns ist das ganz anders. Die Frauen bei uns versuchen, sich – wenn auch mit miserablen Mitteln – gut zu kleiden. Sie versuchen zu gefallen. Wir wollen anziehend wirken – hier will man abstoßen durch Häßlichkeit. Oder es ist einem eher gleichgültig, wie man aussieht, ob man anzieht oder abstößt. Man braucht den anderen nicht. Man hat das Physische verloren, man hat den Leib verloren. Man spricht nicht mehr über die Empfindungen, nur noch über Tests; man besucht Institute für einen Test. Man kann den Menschen sehr leicht auf einen Computer spannen, das ist alles ganz einfach, und man stellt fest: Die Automaten sind menschlicher als der Mensch – sie sind bescheidener, versagen seltener und sind außerordentlich »intelligent«. Sie beschäftigen die Kinder, die Männer, und die Frauen können sich endlich voll emanzipieren: Sie verlassen die computerbeschäftigte Familie und kultivieren sich selbst und das neu entdeckte Gefühl.

Alles ist künstlich geworden.

Der Mensch sucht nicht mehr das Gespräch mit anderen Menschen. Die Kultur des Gespräches, die Kultur des Festes, des Beisammenseins, wie man es in Rußland kennt und dabei nächtelang beieinander bleibt und miteinander spricht, ist hier verlorengegangen. Man findet nicht mehr zueinander. Man kommt und geht – ganz frei. Worüber soll man auch sprechen – es gibt keine Themen, die es lohnten, daß man sich auf sie einläßt.

Aber das ist ein großer Verlust. Denn es ist gerade die Liebe, die zueinander führt. Auf ihr baut sich das Christentum auf. Und sie sucht den Menschen, der ja stirbt, wenn ihm keiner sagt, daß er geliebt wird! An dieser Entfremdung krankt auch die Kirche: Gesteuerte Massenveranstaltungen, manipulierte Gruppengespräche können die verlorengegangene Gemeinschaft nicht ersetzen.

Das Evangelium ist eine Freudenbotschaft – aber wo findet man noch die Fähigkeit, sich als Kirche miteinander zu freuen, fröhliche Feste zu feiern, Trauer und Freude miteinander zu teilen?

Ja, das Fest, zusammen zu sein: Plötzlich liebt einer – ohne irgendwelche Argumente, ohne Gründe, liebt einfach in diesem Augenblick – das Gesicht des anderen sehen ist schon genug, um glücklich zu sein.

Das hat man hier verloren.

Als man Christus fragte: Wer ist mein Nächster? antwortete er nicht: Das ist deine Mutter. Das ist dein Vater. Das sind deine Freunde – nein, um das zu erklären, erzählt Christus eine Geschichte. Es ist das bekannte Gleichnis vom barmherzigen Samariter: Da wird ein Reisender auf der einsamen Strecke zwischen Jerusalem und Jericho überfallen und so furchtbar zusammengeschlagen, daß er halbtot liegen bleibt.

Mit dem weiteren Verlauf der Geschichte revidiert Christus die Vorstellung seiner Zuhörer – und unsere – vom Nächsten, den wir ja lieben sollen wie uns selbst: Da näherten sich Priester und ähnlich fromme Leute dem hilflos Daliegenden. Doch anstatt zu helfen, gingen sie an der anderen Straßenseite vorbei. Nur einer nahm sich seiner an, und das war ein »Ungläubiger«, ein Unreiner: ein Samariter. Jesus fragt: »Wer ist also der Nächste dem, der unter die Räuber gefallen war?« Der Angesprochene bringt das Wort »Der Samariter« nicht über die Lippen. Trotzdem antwortete er richtig: »Der die Barmherzigkeit an ihm übte.«

Die Sache ist unerhört: Danach ist mir doch keiner näher als der,

der mich in meiner Hilflosigkeit annimmt – und wie nah bin ich dann dem, der meine Liebe und Hilfe braucht!

Und Jesus hat das vorgelebt, indem er aus dieser Liebe immer und immer gehandelt hat. So hat er sich selbst zu meinem Nächsten gemacht. Und auch durch seinen Tod. Denn er ist ja nicht für die Gerechten gestorben, nicht für die Heiligen, sondern für den letzten Sünder. Und es ist wirklich tragisch, daß man hier so tut, als existiere keine Sünde; daß man so lebt, als gäbe es die Sünde nicht mehr.

Das Schlimmste ist nicht, daß es Sünder gibt, daß man Attentate verübt, daß es Kriminelle gibt – weit schlimmer ist dieser Durchschnitt, daß man weder kalt noch warm ist, und der Stolz, daß man nicht wahrhaben will, daß man sündigt. Das ist wirklich schlimm.

Es war wohl immer die Aufgabe der Kirche, auf unsere Sünde aufmerksam zu machen, das Sündenbewußtsein zu schärfen, so daß sich die größten Heiligen immer als die größten Sünder bezeichnet haben. Und wer heute ihre Gebete liest, spürt: Sie empfanden sich wirklich so, und sie litten darunter.

Es ist ja auch eine ganz normale Entwicklung bei einem Christen, daß er sich mit der Zeit immer stärker als Sünder erkennt, viel mehr als damals, als er begonnen hat. Die Maßstäbe sind anders.

Ja, und je mehr man Christus nachzufolgen sucht, je mehr man sich zu Gott bekennt, desto mehr fühlt man sich sündig. Dieses Bewußtsein macht einen nicht einmal so sehr unglücklich, man wird durch dieses Gefühl nicht getötet. Nein, das Gefühl befreit auch, weil man ja weiß, wohin man mit seinen Sünden gehen kann. Und für solchen Gang braucht man manchmal einen, der einem der Nächste ist. Denn man trägt schwer, und man könnte unterwegs auch noch unter die Räuber fallen, liegenbleiben und sterben, weil da keiner ist, der einen aufhebt.

Du bist der Arme, Mittellose,
du bist der Stein, der keine Stätte hat,
du bist der fortgeworfene Leprose,
der mit der Klapper umgeht, vor der Stadt.

R. M. Rilke

VI. Hiob und das russische Schicksal

Wir haben das Christentum nicht von Rom bekommen, sondern von Byzanz. Deshalb haben das römische Recht und die lateinische Sprache keinen Einfluß auf uns haben können, und unser Christentum war niemals rationalistisch.

Für die Entwicklung der russischen Kirche war es auch wichtig, daß sie ihre Literatur nicht in griechischer Sprache, sondern auf südslawisch aus Bulgarien bezog. Auf diese Weise konnte die Ratio der hellenistischen Antike den Einfluß auf unsere Kirche nicht haben, den sie im Westen hatte. Die Errichtung des Moskauer Patriarchats im Jahre 1589 brachte dann die endgültige Trennung von Byzanz und damit auch die weitere eigenständige Entwicklung unserer Kirche.

Wir sprachen schon über das Leiden. Man sagt, die russische Geschichte sei eine Leidensgeschichte, die den russischen Charakter geprägt habe. Vielleicht ist das wirklich so.

Man schätzt bei uns aber auch sehr die Geduld. Man schätzt auch die Fähigkeit, sich zu opfern; auch heute im kommunistischen Rußland.

Unsere russische Kirche beginnt mit Leiden, Geduld und Opfer. An ihrem Anfang stand die Bekehrung Vladimirs, des Großfürsten von Kiew. Er ließ sich selbst um das Jahr 988 taufen und danach in einer Massentaufe sein Volk.

Unsere ersten Heiligen waren der heilige Boris und der heilige Gleb, die Söhne des Großfürsten Vladimir. Man hat sie im Jahre 1071 als erste Heilige bei uns »kanonisiert«. Bis dahin hatte es bei uns nämlich keine »Gerechten«, keine Märtyrer gegeben; aber auch diese beiden entsprachen nicht dem klassischen Typ des Heiligen.

Es gab lange Zeit nur griechische Heilige, so daß es aussah, als ob die arme russische Kirche gar nicht existierte.

Das Volk half sich, indem es diese zwei Fürstensöhne heiligsprach.

Diese zwei Fürsten Boris und Gleb waren eigentlich noch Fürstenkinder, beide sehr jung. Sie wurden von ihrem Bruder, der sie im Kampf um die Macht ausschalten wollte, im Jahre 1015 getötet. Ihre

Heldentat bzw. ihre Heiligkeit bestand darin, daß sie keinen Widerstand leisteten, also in der totalen Widerstandslosigkeit. Sie haben dabei geweint und gelitten, besonders der Kleine, aber sie ließen sich widerstandslos hinschlachten – wie hätten sie sich auch gegen den eigenen Koch wehren können, den der Bruder für diesen Mord gedungen hatte!

Um eine Verbindung zum Bereich des Heiligen herzustellen, hat man betont, sie seien wie ein Rohstoff behandelt worden, aus dem man alles fertigen kann, was man will, und dann: Man habe sie wie unseren Herrn zur Schlachtbank geführt – noch mehr: Sie seien in totaler Passivität, noch passiver als das Schaf, zum Opfer geworden. So wurden sie zu den ersten Heiligen der russischen Kirche gemacht.

Das war im 11. Jahrhundert.

Unser Christentum war noch ziemlich jung, und die Kirche schämte sich, weil sie keine Heiligen hatte. Mit diesen ersten Heiligen wurde ihr, wie der alte Text sagt, die Scham genommen. Man nannte diese beiden jedoch nicht Märtyrer, sondern »Leidensduldende« und schuf damit eine besondere Art, heilig zu sein, die es nur in Rußland gibt. Mit dem Begriff »Leidensduldende« drückt man etwas aus, was wir Russen sehr gut verstehen: Man leidet ohne irgendwelche Momente des Heldentums – man leidet in Geduld das auferlegte Leiden.

Praktisch ist unsere russische Kultur des 19. Jahrhunderts, die ganze religiöse Literatur jener Zeit, eine Antwort auf die Hiobsfrage. Wir lesen Hiob in der Fastenzeit, während des großen Fastens. Dostojewski hatte das als Knabe miterlebt und war davon so tief beeindruckt worden, daß sein ganzes Lebenswerk der Versuch einer Antwort auf die Frage Hiobs wurde: »Warum dieses Leid? Und warum gerade uns?« Die Antworten bei Dostojewski, bei Tolstoi auch, führen aus der Hölle des Selbstmitleids in den Himmel des Gottesdienstes, des anbetenden Liebens, des dienenden Liebens. Sie führen aus dem Abgrund des Nihilismus, des Nichts, der Verzweiflung hin zum lebendigen Christus.

Während die westliche Kultur viel mehr vom griechischen Denken und von griechischer Mythologie bestimmt war und man auch heute noch auf die alten Mythen etwa von Ödipus oder Sisyphos zurückgreift, war die russische Literatur viel mehr von der Bibel durchdrungen. Das muß man wissen, wenn man die russische Frömmigkeit und Kultur verstehen will.

Wenn man also Dostojewski liest, Tolstoi und Solovjew, findet man viel mehr biblische Themen, die das Bewußtsein der russischen Schriftsteller bestimmt haben, und das setzt sich bis heute fort, bis Boris Pasternak, Solschenizyn und Mandelstam, die wie die Schriftsteller des 19. Jahrhunderts biblisch denken, und dies vor allem als Interpreten des russischen Hiob.

Das ist russische Tradition: Rußland als die Inkarnation des Leidens.

Man hat sich Christus immer als einen Bettler, als einen Wanderer vorgestellt, der demütig als der ärmste Mann durch Rußland zieht, der Bettler schlechthin; auch Maria, die Mutter Jesu*, denkt man sich als Bettlerin, als die ärmste, schwache Frau, die zu Fuß durch Rußland pilgert, jene russische Großmutter, die als stabilisierendes Element in Rußland immer eine besondere Rolle gespielt hat, vor allem auch heute als Trägerin des Glaubens.

Bei uns versteht man sehr gut, daß die Geschichte nicht durch Heldentaten, durch Kämpfe oder durch staatliche Institutionen bewegt wird, sondern durch die Demut, einfach durch das Opfer.

Dieses demütige russische Christentum, das zu dem Irrtum verführen könnte, es sehne das Leiden herbei, hat mit dem Pazifismus wenig Gemeinsames. Die heutigen Pazifisten orientieren sich seltener am Neuen Testament als an fernöstlichen, in erster Linie buddhistischen Vorstellungen. Sie propagieren eine Passivität, die mit der Weltbezogenheit Jesu Christi wenig anfangen kann.

Dagegen ist der christliche Gedanke der Weltverantwortung bis hin zum Opfer positiv und schöpferisch.

Auch viele der heutigen Feministinnen verstehen das Leiden weitgehend als eine totale Passivität. Doch die Gläubigen waren niemals passiv. Auch unsere Heiligen waren niemals in diesem Sinne passiv; sie waren – und sind – aktive, schöpferische Menschen, sogar in ihrer Passivität, die nur eine scheinbare Passivität ist.

* T. G. sagte hier ihrer orthodoxen Tradition entsprechend »Mutter Gottes«.

Der Friedensnobelpreisträger Martin Luther King war wirklich ein Christ. Und er war schöpferisch. Er hat Wirkungen gehabt. Er sah seinen Auftrag nicht darin, »Nein!« zu sagen, wie man das heute so oft hört, sondern auf seine Umgebung gestalterisch einzuwirken – als Christ.

Auch Gandhi hat versucht, seinen passiven Widerstand mit Liebe zu verbinden, aber das war sehr humanistisch, abstrakt humanistisch. Es war geistig nicht in Christus fundiert und blieb deshalb unfruchtbar. Es fehlte die Ausrichtung auf einen von außen – von Gott – gegebenen Wert; das bedeutet Kraftlosigkeit.

Die Passivität des Gläubigen ist jedoch niemals kraftlos. Sie bringt immer Frucht, auch in unserer russischen Geschichte; da hat das geduldige, aktive Warten eine große Rolle gespielt. Man sagt von Alexander Nevskij, dem Fürsten von Nowgorod, daß er vor dem entscheidenden Kampf gegen die Schweden an der Newa im Jahre 1240 geistlichen Zuspruch erhalten habe, der ihm zusicherte: »Du wirst siegen!« Unter diesem Zuspruch ist er zum Retter Rußlands geworden. Das ist auch ein Zeichen dafür, daß Warten auf Führung, was ja auch eine Form von Passivität ist, nicht kraftlos macht.

Der Pazifismus jedoch, der nur auf einer humanistischen Ebene existiert und den Weltfrieden herbeisehnt, ist kraftlos, hat nichts zu sagen. Ich glaube auch nicht, daß er großen Prüfungen wirklich standhält. Nur die Liebe, nur die Demut, nur Christus kann uns wirklich helfen, in schöpferischer Geduld Frieden zu stiften und eher Märtyrer zu werden, als diesen Auftrag Christi zu negieren.

Man muß solche Werte haben, für die man wirklich sterben kann. Für nichts kann man nicht sterben.

Erinnerung des Vaters Sossima an Hiob

Zu den Erinnerungen an das Vaterhaus rechne ich auch die Erinnerungen an die heilige Geschichte, die kennenzulernen es mich schon in meinem Elternhaus gar sehr begehrte, wenn ich auch noch ein ganz kleines Kind war. Ich hatte damals ein Buch, die heilige Schrift, mit schönen Bilderchen drin, mit dem Titel »Hundertundvier heilige Geschichten des Alten und Neuen Testaments«, und in diesem Buch lernte ich auch lesen: . . . Es lebte ein Mann im Land Ur, ein gerechter und ehrenwerter, und er hatte soundsoviel Reichtum, soundsoviel Kamele, soundsoviel Schafe und Esel, und seine Kinder belustigten sich, und er liebte sie sehr und betete für sie zu Gott: vielleicht sündigten sie ja, indem sie sich belustigten. Und da steigt der Teufel zu Gott empor zugleich mit den Söhnen Gottes und spricht zum Herrn, er sei über die ganze Erde gewandert, und auch unter der Erde sei er gewesen. »Sahst du aber meinen Knecht Hiob?« fragte ihn Gott. Und es rühmte sich Gott vor dem Teufel, indem er hinwies auf seinen großen heiligen Knecht. Und es lachte der Teufel über die Worte Gottes: »Übergib ihn mir, und du wirst sehen, daß dein Knecht murren und deinen Namen verfluchen wird!« Und es übergab Gott seinen Gerechten, den er so liebte, dem Teufel, und es erschlug der Teufel seine Kinder und sein Weib und vernichtete seinen Reichtum, alles plötzlich wie durch Gottes Donner, und es zerriß Hiob seine Kleider, warf sich auf die Erde und heulte: »Nackt kam ich aus dem Mutterleib, nackt kehre ich zur Erde zurück. Der Herr hat's gegeben, der Herr hat's genommen. Des Herrn Name sei gepriesen, jetzt und in Ewigkeit!«

F. M. Dostojewski

. . . Sobald sich deutlich zeigt, daß es nun schon so etwas wie einen Orden der Minderbrüder gibt, tritt der persönliche und intensive Ehrgeiz des heiligen Franziskus mehr und mehr hervor. Sobald ihm nur eine Anhängerschaft gesichert ist, vergleicht er sich nicht mit diesen Anfängern, denen gegenüber er vielleicht wie ein Meister erscheint. Er vergleicht sich mehr und mehr mit seinem Meister, dem gegenüber er nur wie ein Diener erscheint. Das liegt, nebenbei bemerkt, moralisch und sogar praktisch im Wesen des asketischen Privilegismus. Jede andere Art des Vorrangs wäre anmaßend. . . . Er war erfüllt von dem Gefühl, nicht genug gelitten zu haben, um seines leidenden Gottes auch nur entfernt als Nachfolger würdig zu sein.

Gilbert K. Chesterton

VII. Wie wird man ein Jünger?

Das ist der Weg zur Heiligkeit. Wer erlebt hat, was es heißt, gerettet zu werden – mir ist diese Gnade geschenkt worden, ich habe das erlebt –, dem reicht das, um das ganze Leben lang nur Ihm nachzufolgen.

Es ist ein hohes Wort: nachfolgen, einfach Vollkommenheit zu suchen, wie es im Evangelium steht: »Seid vollkommen, wie euer himmlischer Vater vollkommen ist.«

Dann ist es auch klar, daß, wenn man gläubig geworden ist und glaubt, das eine Erfahrung ist, die einen eher das Höchste opfern läßt als das Geringere.

Das Christentum ist auf das Opfer gebaut. Im Judentum hat man Tiere geopfert. Den heidnischen Göttern opferte man Tiere und Menschen. Immer brachten die Menschen ihrem Gott Opfer.

Bei uns hat Gott den Menschen das Opfer gebracht: Der Höchste, der Schöpfer, hat sich für seine Geschöpfe geopfert.

Damit sind alle Werte umgekehrt worden. Früher hat das Sichtbare die Geschichte gelenkt: die Fürsten, der römische Kaiser, die Krieger. Heute wissen wir, daß die Geschichte von dem Unsichtbaren gelenkt wird, von dem, der sich in die Geschichte hineingeopfert hat: der heilige Gott.

Es ist sehr schwer, das in Literatur, in der Kunst zu schildern, weil das Unsichtbare für menschliche Hände und menschliche Augen unerreichbar ist. Deswegen ist es auch sehr schwer zu sagen, wie es zu einem christlichen Kunstwerk kommt. Es wird einem unmittelbar aus der Erfahrung des Gebetes gegeben: Aus der Erfahrung des Gespräches mit Jesus Christus; aus der Erfahrung dieser Liebe.

Das hat auch Pascal gesagt: Der kleine Augenblick der Liebe ist mehr wert als alle Schätze, als das ganze Universum.

Jeder Mensch kann diese Erfahrung der Liebe machen. Er kann damit schon hier Nachfolge praktizieren.

Dann sind Nachfolge und die damit verbundene Leidensbereitschaft eine Frucht, eine Gabe, die man sich nicht selbst erwerben kann, die Gott schenkt.

Es ist natürlich alles von Gott gegeben, sogar unsere Sehnsucht nach ihm, die hat Gott auch gegeben. Unsere Sehnsucht zu beten ist von ihm.

Und trotzdem wartet er auf unsere Liebe. Er braucht uns. Die heiligen Väter haben gesagt: Gott kann nur das eine nicht tun, er kann uns nicht zwingen, ihn zu lieben. Er ist in diesem Stück unfähig, sozusagen schwach. Darum wartet er auf unsere Liebe. Denn nur wer ihn liebt, kann sein Jünger sein und ihm nachfolgen.

Wenn einer nicht lieben kann? Dann dürfen wir darum bitten. Irgendwo heißt es, daß Gott die Dinge, die wir tun sollen, vorbereitet (Epheser 2,10). Wenn wir uns nicht fähig fühlen, ihm in einer bestimmten Sache zu folgen, will er uns geben, was wir dazu brauchen. Aber darum bitten müssen wir schon selber.

Das ist dann wie ein Samenkorn. Denn ich glaube, die Liebe gehört zu den Dingen, die wachsen. Ich habe das bei mir bemerkt, daß ich immer mehr und mehr liebe. Das wird zur Natur. Zu lieben ist natürlich. Und wenn man auch schon mal an seine Grenzen kommt, wo man meint, den – oder wen auch immer – könne man nicht lieben, dann bittet man eben wieder um dieses wunderbare göttliche Geschenk. Ich glaube, das ist eine von den Bitten, die man im Namen Jesu bitten darf und hinter denen die Zusage steht, daß sie erfüllt werden.

Ich glaube, es ist die größte Bitte. Mehr brauchen wir nicht: nur Gott und den Nächsten lieben. Das ist alles. Das ist wirklich einfach, weil der Heilige Geist immer da ist und alles durch Liebe bewegt.

Das ist Leben. Wenn wir wirklich leben, heißt das, wir sind voll von Liebe und müssen nur ganz frei Gott erlauben, daß er durch uns diese Liebesenergie weiter ausstrahlt.

Man wird auch enttäuscht, wenn man liebt. Man wird belastet, man wird über seine Kräfte beansprucht, und damit kommen die Leiden. Es ist fast wie ein Gesetz, daß man, wenn man liebt, leidet und das Leiden nur erträglich ist in der Liebe.

Aber das ist ein sehr großes Problem. Ich selbst habe dabei wie fast alle Menschen Etappen und Stufen erlebt.

Es ist das Problem der mündigen, der reifen Liebe. Besonders in unserer Frauenbewegung war das so. Wir haben viel darüber geschrieben und gesprochen. Jeder Mensch sucht die Liebe, vielleicht sogar die absolute Liebe, oft eine unendliche Liebe.

In der europäischen Geistesgeschichte hat man diese Liebe romantisch verstanden. Die Geschichte der Liebe wurde zur Geschichte von Tristan und Isolde: Die Liebenden können sich praktisch nicht in der Ehe verbinden. Ihre Liebe entwickelt sich als eine negative Unendlichkeit und nur gegen Widerstände. Die ganze europäische Literatur wird von dieser Geschichte der Liebe bestimmt, d.h. von einer Geschichte der Widerstände. Sobald diese Widerstände überwunden sind, erstirbt das Interesse. Es kommt zur Ehe und zum Ende der Liebe. Im Leben kommt dann die Scheidung. Deshalb sind so viele Frauen in der Sowjetunion geschieden, zwei- und dreimal: Weil ihre Liebe romantisch und als etwas ganz Hohes und ganz Reines unmündig und unreif war. Man hat den Geliebten mit der Illusion einer vollkommenen Persönlichkeit befrachtet, ihn bewundert, begehrt – aber das waren keine Inhalte für die Liebe.

VIII. Freiheit und Bindung

Die Bibel ist voll von Ehebildern, von Festen der Eheschließung. Das ist natürlich eine schöpferische Liebe, die unsere Langeweile in der Ehe gar nicht kennt, nicht die Leere, die Trägheit, sondern alles, was zu tödlicher Gewohnheit wird, überwindet.

Die Französin Madame de Staël hat gesagt: »Die Liebe kann schon den Tod überwinden, aber nicht die Ehe.« Es ist viel einfacher zu sterben, als eine langweilige Ehe durchzuhalten. Deshalb der Kampf der Feministinnen gegen die Ehe. Simone de Beauvoir schrieb, daß man durch diese Langeweile sich selbst zerstört und den Partner zerstört und total konformistisch wird, und so stirbt alles und man selber mit.

Das ist wirklich so. Die lebendige, schöpferische Ehe ist eine sehr seltene Erscheinung in der heutigen Gesellschaft, seit die Frau frei geworden ist.

Deshalb fragen viele aufrichtige Christen: Was tun, wenn die Langeweile kommt? Wenn die Ehen alt werden, weil die Lebenserwartung heute so hoch ist, und die Liebe stirbt?

Das ist ein echtes Problem. Das Leben ist so gespannt, so dynamisch. Ökonomische Probleme stören kaum noch. Die Kinder nutzen den Raum der Freiheit aus und entfernen sich aus dem elterlichen Einflußbereich. Die Eheleute – sofern die Eltern dieser Kinder noch zusammen sind – sehen sich hohen Anforderungen gegenüber. Um es deutlich zu sagen: Sie sind auf dem Weg zum Heiligen. Beide müssen im Sinne Jesu heilig sein. Der Heilige Geist muß jeden Tag anwesend sein.

Ich glaube, das ist auch der einzige Weg für die Liebe. Alle anderen – der Weg der Romantik oder der des reinen Weltvergnügens – gehen in die Irre bzw. vor den Scheidungsrichter, auch die humanistische Liebe oder die Liebe aus Mitleid. Die vollkommene Ehe findet man nur in diesem Bund zweier wirklich freier Persönlichkeiten, und nur in unserer Zeit ist das möglich, weil die Frau sich befreit hat und einen eigenen Zugang zum Kreuz, zum Leiden und zur Hoffnung hat. Ich sage das als Russin, sehe aber, daß die Emanzipation auch hier im Westen ihre guten Seiten hat und besonders Frauen, die Christus nachfolgen, zu dynamischen Persönlichkeiten werden ließ.

Aber weil weder die Frauen noch die Männer mit dieser »neuen« (und doch ganz alten) christlichen Freiheit umgehen können, mißverstehen sie diese Freiheit plötzlich als individuelle Chance und trennen sich. Sie sind noch nicht frei genug, um wirklich eins zu sein, zusammen zu schaffen – nicht nur in der Erziehung der Kinder, nicht nur bei einigen Aufgaben, sondern in allem – und das ganze Leben so zu verklären.

Aber auch die Lebensbereiche sind ja auseinandergefallen: Die Frau hat ihren Beruf, der Mann hat seinen Beruf. Mann und Frau brauchen nun auch Zeit, um aus diesen auseinandergefallenen Lebensbereichen einen gemeinsamen zu entwickeln und sich da gegenseitig das zu sein, was sie als Eheleute füreinander sein sollen.

Sie haben es heute schwerer als früher, weil sie durch die Berufstätigkeiten weniger zusammen sind und weniger aufeinander angewiesen sind. Auch wirtschaftlich sind sie im Grunde genommen gar nicht aufeinander angewiesen. Jeder könnte allein fertig werden.

Wie sollen sie unter solchen Umständen zusammenfinden? Wo finden sie den Ort des gemeinsamen kreativen Gestaltens ihrer Ehe?

Daß sie voneinander unabhängig sind, ist sehr gut für die Ehe. Früher war die Frau abhängig – ökonomisch, rechtlich, gesellschaftlich. Heute wird sie durch die Computer-Revolution so stark wie der Mann. Körperliche Kraft ist nur noch in wenigen Berufen notwendig. Männer und Frauen sind durch diese industrielle Revolution im Blick auf wirtschaftliche Unabhängigkeit einander fast gleichgestellt, und das ist gut für die Liebe, weil sie damit auch wirklich unabhängig geworden sind. Nun kann sie nur noch die Liebe verbinden.

Aber jetzt sind es in erster Linie die Frauen, die die Scheidung beantragen. Auch bei uns in Rußland. 70% der Frauen fordern die Scheidung. Das heißt, daß die Frauen noch unabhängiger sind als die Männer, daß sie an die Tiefe der Beziehungen noch mehr Ansprüche stellen.

Natürlich bilden auch Egoismus und Bequemlichkeit Widerstände gegen die Ehe. Bei uns ist es häufig die Erfahrung mit dem alkoholisierten Vater, die vielen Frauen eine Ehe sinnlos erscheinen läßt. Deshalb ist es bei uns ziemlich selten geworden, daß man die Paare bei der Heirat segnet, weil man sofort sieht, daß eine Scheidung bevorsteht. Die Frau ist praktisch unbereit und auch unfähig, eine solche Ehe durchzuhalten. Dazu kommt, daß sie in ihrer neugewonnenen Freiheit lieber herrschen als dienen will.

Als Vater Jakob in einem Kloster von einer jungen Frau um Rat gebeten wurde, sagte er:

»Kannst du einen Heiligen gebären? Wenn du das kannst, kannst du heiraten.«

Die Frau antwortete: »Nein, das kann ich nicht.«

Was er sagen wollte, war: Ehe, ein Fleisch sein, Kinder zeugen, gebären und erziehen ist eine Lebensaufgabe. Sie verlangt Heiligung. Und seine Frage lautete: Bist du, sind deine Seele, dein Leib dafür bereit? Sie hatte ihn verstanden und sagte nein.

Wer könnte auf eine solche Frage auch guten Gewissens mit ja antworten? Du denkst: Du stehst nicht auf dieser Höhe, d.h. du kannst nicht gemeinsam mit einem Mann etwas Heiliges schaffen und hüten. Das ist natürlich auch eine Herausforderung, daß wir das Evangelium hundertprozentig annehmen müssen und uns nicht irgendwelche menschlichen Abschwächungen erlauben dürfen.

Für mich ist die Ehe etwas ganz Schwieriges. Man nennt sie eine Hohe Schule. Das ist sie auch. Beide, Mann und Frau, müssen an den Aufgaben, die die Ehe ihnen stellt, wirklich arbeiten. Es ist möglich, sich selbst und die Liebe gemeinsam weiterzuentwickeln.

Die Liebe ist so reich in sich, die erste, die stürmische, die große Liebe – könnte sie nicht doch von Gott sein?

Die reife Liebe, also die Liebe, die versteht, die die Freiheit des anderen schätzt und ehrt und ihm erhält, diese reife Liebe ist auch reif für den Gehorsam. Das Hören aufeinander, das wache und liebevolle einander Anhören führt von selbst zum richtig verstandenen Gehorsam und nicht in die Sklaverei. Voraussetzung ist, daß man den andern mehr schätzt als sich selbst.

Das habe ich gesehen, das ist nicht meine Philosophie. Ich habe solche Ehen in der Sowjetunion gesehen, vor allem bei den Priestern.

Unsere Priester sind verheiratet. Ich habe gesehen, daß nicht nur die Frau ihren Mann so unendlich liebt und respektiert, sondern der Mann auch die Frau. Mein geistlicher Vater z.B. sagt oft nach der Beichte: »Jetzt werde ich mit meiner Matuschka (seine Frau) sprechen und dann werde ich dir sagen, was ich sagen muß.« Er macht alles mit seiner Matuschka Anna, und sie ist wie ein Engel für ihn.

Manche Christen meinen, gerade weil die katholischen Priester nicht verheiratet sind, sei Vertrauen zu ihnen in der Beichte größer als zu verheirateten Seelsorgern, die dann vielleicht mit ihren Frauen sprechen. Die Beichtenden haben Angst, die Frauen könnten das Beichtgeheimnis brechen.

Bei uns ist das Gegenteil der Fall. Der Priester trägt ja nicht weiter, was wir während der Beichte sagen. Das ist etwas ganz anderes. Der geistliche Vater ist uns wirklich ein Vater: Er ernährt uns, bereitet uns die Feste vor, er lädt uns ein, wir sind bei ihm wirklich zu Hause, noch mehr als bei unseren eigenen Eltern.

Seine Frau ist immer dabei. Sie kennt uns wie ihre eigenen Kinder, und mit ihr spricht er wie ein Vater mit der Mutter über die Probleme der Kinder.

Er spricht nicht über das Geheimnis der Beichte; er spricht über das Geheimnis der Persönlichkeit.

Er liebt uns mehr, als unsere Eltern uns lieben könnten. Er sieht unsere Perspektiven, wie auch seine Matuschka das sieht. Und aus diesem Entwurf der Persönlichkeit versuchen sie sozusagen konkrete Wege zu artikulieren und konkrete Ratschläge auszuarbeiten.

Das ist großartig.

Ich habe sie beobachtet, als sie ein Anstandsbuch schrieben: Alles, was sie beide machen, ist durchdacht. Sie leben eine Ehe, in deren Nähe wir alle erwachsen geworden sind. Diese Ehe hat auch andere Ehen geprägt und prägt sie bis heute. Sie bleibt unsere Mutter Anna, die Matuschka, und er, Evgenij, unser Vater.

Er ist eines Tages zu uns gekommen und hat gesagt:

»Ich will Ihr geistlicher Vater sein. Ich habe mit meiner Frau gesprochen; sie ist bereit zu leiden.«

Das war vom ersten Augenblick an so: Sie waren zusammen und bereit zu leiden. Beide wissen: wer mit der Jugend zusammen ist, muß automatisch mit Verfolgung rechnen, was auch prompt geschah. Deshalb mußte er seine Frau einbeziehen. Und sie hat gesagt: »Ja, wir werden das gemeinsam tragen.«

Ich habe diese Ehe immer bewundert, eine Ehe, die wirklich Früchte bringt, immerfort. Für mich wäre es unvorstellbar, daß mein geistlicher Vater allein geblieben wäre.

Ich lese ein umstrittenes Wort: *Christus ist das Haupt des Mannes, der Mann ist das Haupt der Frau: Der Mann soll die Frau lieben, wie Christus die Gemeinde liebt,* und ich frage mich: Wie kann diese Stelle im Epheserbrief in das Konzept der Freiheit eingearbeitet werden? (Epheser 5,21ff.).

Man zitiert diese Bibelstelle oft, aber man interpretiert sie auch oft falsch. Man betont sehr deutlich, die Frau müsse dem Mann gehorsam sein. Aber man vergißt zu betonen, daß der Mann sich opfern muß, total opfern, noch mehr als die Frau, weil es Christus ist, der am meisten opfert: Christus hat sein Leben für die Gemeinde geopfert.

Das ist für mich ganz klar gewesen. Sogar solche Sätze aus der Bibel, nach denen die Frau vor dem Mann sich fürchten soll. Aber das heißt eigentlich, daß sie ihn respektiert.

Wir haben das in Rußland besprochen. Der Text hat mir sogar gefallen, weil unsere russischen Männer so schwach geworden sind. Die russische Frau ist stark und emanzipiert, und unser Problem ist, daß der Mann schwach ist. Der Mann und die Frau sind infantil, aber der Mann ist infantiler als die Frau. Und die Furcht – das ist einfach die Verehrung, daß man einander verehrt. Wenn man liebt und verehrt, dann hat man immer Angst, man könnte den andern verletzen. Wenn man jemanden liebt, so ist dieser Mensch immer ungewöhnlich, immer ein Geheimnis. Das kann man so interpretieren.

Bei uns sind viele Ehen kaputtgegangen, und das einzige Kind aus solcher Ehe lebt mit dieser Erfahrung. Ein Knabe, der nur von der Frau erzogen wird, bleibt ein Kind, bis er vierzig, bis er achtzig Jahre alt ist. Das ist ein Problem: der infantile Mann, der immer die Mutter sucht. Die Sowjetunion ist das einzige Land mit so vielen Ehen, wo die Frau älter ist als der Mann. Das ist ein Zeichen dafür, daß der Mann die Mutter sucht; daß die Frau nicht als sexuelles Gegenüber, nicht als Partnerin gesucht wird, sondern als eine mütterliche Autorität.

Auch im Westen ist man auf diesem Weg, zumindest der Herauslösung aus jeder Pflicht und Beziehung, sobald sie eine Last wird. Wir brauchen wirklich den Mut zur Ehe.

Viele junge Christen haben diesen Mut zur Ehe nicht mehr. Entweder bleiben sie allein, oder sie lösen sich, wenn die Ehe eine Last wird, aus dieser Bindung wieder heraus.

Der Mann und die Frau haben keine Geduld. Sie haben auch kein richtiges Milieu. Sie bleiben in der Ehe allein, begegnen sich wie Feinde, und das ganze Leben scheint gegen sie zu sein. Man hat kein Verständnis füreinander, kann oder will einander nicht helfen.

Wenn dann solch ein geistlicher Vater da ist, kann er raten. Er kann einfach sagen: Nein, du mußt bleiben. Versuch das!

Hier im Westen sind diese Menschen verloren. Sie sind verloren, weil es keine Väter gibt.

Wohin sollen sie gehen? Zu den Psychoanalytikern? Das ist keine Lösung. Das ist nur eine Bremse, ein bißchen Erleichterung, aber keine Lösung. Man findet nicht die Energie zum sachlichen, ruhigen Gespräch. Man lebt allein. Da ist es ein Problem, daß manchmal nur noch die Leidenschaft, die sexuelle Befriedigung zu ihrem Recht kommt; es ist aber sehr schwer zu verstehen, was geschieht. Deswegen ist die Scheidung manchmal tatsächlich die einzige Möglichkeit: Man ist so verblendet durch den Haß. Wenn die geistige Führung fehlt, zerbricht die Ehe, die doch eines der schönsten Geschenke Gottes an die Menschen ist!

Gott flüchtet sich von allem Dargestellten,
das in der Zeit sich seine Farben fand,
in allen Bildern bleibt nur das Gewand,
mit dem die Ungeduldigen ihn umhellten;
Gott dunkelt hinter seinen Welten,
und einsam irrt des Malers Hand.

R. M. Rilke, 1899

IX. Vom priesterlichen Dienst

Was ist geistliche Führung?

Nach unserer orthodoxen Tradition kann praktisch jeder Priester ein geistlicher Vater sein. Es gibt Starzen, die nicht unbedingt Priester sind; sie können Laien sein, es gibt auch Frauen darunter. In dieser Hinsicht ist die orthodoxe Tradition sehr offen.

Da sind vor allem die charismatischen Persönlichkeiten, die begabt sind, berufen von Gott zu führen, und das ist natürlich nicht jeder Priester. Unsere Priester unterscheiden das irgendwie: wer bereit ist zu führen und wer dazu nicht bereit ist. Es gibt unter den Priestern intellektuelle Führer, und es gibt Priester oder auch Laien, die eine andere Berufung haben, Frauen zum Beispiel, die Alkoholiker führen.

Es gibt den Beichtvater, aber der ist nicht notwendig auch geistlicher Vater, während umgekehrt der geistliche Vater gewöhnlich auch der Beichtvater ist. Wir beichten bei ihm. Aber seine geistliche Führung ist nicht reduziert auf die Beichte.

Die Beichte ist eine Gnade: Man kann die Vergangenheit auslöschen. Die Beichte ist ein Wunder, ja, eine erneute Taufe.

Doch der Dienst des geistlichen Vaters geht über die Beichte hinaus. Er führt und schenkt eine solche Verbundenheit, die viel tiefer und vollkommener und erfüllter ist als die Verbundenheit mit dem eigenen Vater. Unsere Starzen sagen: Der geistliche Vater muß nicht nur der Vater, er muß auch die Mutter sein. Er muß das Herz einer Mutter haben.

Gewöhnlich ist das Verhältnis zum geistlichen Vater von totalem Gehorsam bestimmt, was aber nicht heißt, daß man jetzt alles seinem Willen unterordnet, quasi von ihm gesteuert wird – keineswegs! Es ist das Vertrauen, das Vertrauen des Kindes, das sich leiten läßt und unter dieser Führung ins Erwachsensein hineinwächst – der geistliche Vater hat ja nichts anderes im Sinn, als reife – auch entscheidungsreife – Christen heranzuziehen!

Wenn man so die asketische Literatur liest, die in Rußland sehr gelesen wird, dann liest man auch von dem Novizen, der sogar das Glas Wasser nicht ohne den Willen des geistlichen Vaters trinken will. So weit geht das. Gehorsam ist alles.

Es ist aber praktisch weder möglich, noch wäre es gut, in der Welt zu einem solchen Gehorsam zu erziehen. Aber im Verhältnis zum geistlichen Vater hat der totale Gehorsam eine wichtige Funktion: Er führt in die *Freiheit für den Geist.*

Wenn der geistliche Vater deine Grenzen festlegt, dann brauchst du dafür keine Kraft mehr zu verschwenden. Du bist frei wie ein Adler: für das Leben im Heiligen Geist.

Geistliches Leben ist heute sehr schwer zu gewinnen; es ist immer schwer gewesen. Deshalb sind Grenzbestimmungen so hilfreich und wichtig, z.B. in der Frage der Ehe, der Freiheit in der Liebe. Viele, fast alle leben schon vor der Ehe in so engen Beziehungen, und die Kirche muß irgendwie darauf antworten. Abtreibung, Erziehung der Kinder, der Alkoholismus der Männer – all dies wird nicht automatisch geregelt, dafür gibt es keine Rezepte. Fast alle diese Fragen ziehen neue Fragen nach sich. Also man muß alles einzeln und konkret betrachten, und in dieser Situation ist der geistliche Vater eine große Hilfe; denn sein Urteil entspringt nicht der Tradition allein, sondern der Nähe zu Gott.

Ich glaube, man muß solche Frauen und Männer, die die Geister unterscheiden können, überall haben. Sie sind es, die geistliche Führung ausüben.

Es ist nicht einfach menschliche Führung. Sicher gibt es überall gute Menschen, die anderen auch zu helfen bereit sind. Aber hier im Westen sind mir sehr wenig Menschen begegnet, die tiefer sehen als wir »gewöhnliche Christen«.

Die Geister unterscheiden heißt: Die Geheimnisse des Herzens sehen. In diesem Augenblick ganz klar sehen, wo wir stehen, auf welcher Stufe wir stehen, in welcher Richtung wir uns bewegen.

Bei uns wird die Geistesgabe der Geisterunterscheidung nicht unbedingt nur beim geistlichen Vater gesucht – wer diese Gabe hat, hat sie eben. Aber er muß auch die Möglichkeit haben, seine Erkenntnis, seine Weisheit weiter vermitteln zu können, damit sie vom andern angenommen wird. Und dazu gehört, daß sein Leben vertrauenswürdig ist; nur so schließt sich der andere für seine hilfreiche Aussage auf.

Ich kenne Starzen, zu denen kommen Atheisten, Yogas, Hippies, alle kommen zu ihnen voller Vertrauen. Dieses Vertrauen gilt zunächst dem Menschen, den sie sehen. Das hat mit Glauben noch nichts zu tun. Man weiß: Hier ist ein Mensch, dem man schon äußerlich ansieht, daß er wirklich das lebt, was er sagt.

Der große Starez, Vater Nikolaus, hat einmal gesagt: »Wenn ich während des großen Fastens ein wenig Fisch esse, und niemand weiß davon als Gott und ich – dann bin ich trotzdem schon kein Priester mehr.« Die Starzen leben so, weil sie vor Gott leben, in Seiner Gegenwart, unter Seinen Augen sozusagen. Ihr Leben ist eine ununterbrochene Heiligkeit. Deswegen spielen sie auch keine »Rollen«; sie sind so, wie sie wirken, und sind das, was sie sagen.

Es ist unmöglich, einen solchen Menschen irgendwie nachzuahmen. Man kann das Menschliche bewundern: Sie sind oft klug, sie sind schön, sie sind stark. Man kann das bewundern, das kann man auch nachahmen; aber das Heilige kann man nicht nachahmen. Es ist das Evangelium, das hier spricht. Es ist faszinierend; aber es ist zu wenig, zu sagen: faszinierend. Man kann nicht Beifall klatschen. Man schweigt.

Jede solche Begegnung hinterläßt ihre Spuren. Auch wenn du nur ein bißchen Gewissen hast oder eine geistige Antenne, wirst du dich verändern.

Es gibt Menschen, die das Heilige nicht ertragen können. Ich habe von Menschen gelesen, die sogar die Mutter Teresa nicht ertragen konnten. Das schmerzt.

Jede Begegnung mit dem Heiligen ist ein Aufruf, heilig zu sein. Eine Mahnung zur Buße und Umkehr. Deshalb ist es auch oft so schmerzvoll, das Leben Jesu zu sehen.

Ich kann nicht ohne Tränen selbst einen schlechten Film über Jesus sehen. Es gibt viele ganz schlimme. Aber wenn der Film gut ist, wie etwa »Das Evangelium des Matthäus« von Pasolini, kann man sich diesen Film ansehen. Ich habe wochenlang danach geweint. Auch wenn man das Evangelium liest. Das ist ganz klar: Man findet eine solche Höhe, die so unerreichbar ist, daß es schmerzt. Nur die Liebe Jesu hilft einem da heraus.

Der Christ, der merkt, daß er Rat braucht und sich auf die Suche nach einem geistlichen Vater macht, hat es bei uns in der Sowjetunion schwer. Wir haben wenig Priester und noch weniger solche, die keine Angst haben, mit der Jugend, d.h. mit suchenden Menschen, zu arbeiten, also ihre geistlichen Väter zu sein. Trotzdem: jeder, der sucht, wird finden. Wir haben jahrelang gesucht. Dann ist er von selbst gekommen. Vielleicht sind wirklich unser Gebet und unsere Sehnsucht von Gott erhört worden. Ich glaube, es ist immer auch eine Sache Gottes, und geistliche Führung kommt nur durch Gnade.

Zu denen, die nicht wissen, wo sie eine solche geistliche Führung suchen sollen, sagen unsere Starzen: Wenn du keinen geistlichen Vater hast, dann reicht es, daß du einfach betest – das Evangelium ist eigentlich alles; stell dich vor die Ikone, bete und sprich mit dem Herrn. Dann haben wir alles. Für unsere Zeit, wo alles so schwer, auch so tragisch ist und die Menschen so einsam sind, ist dies ein besonderes Geschenk: Beten!

Verliere niemals die Hoffnung!

Wenn du dich erinnern wirst zur Nachtzeit, wenn du im Einschlafen bist: »Ich habe nicht das verrichtet, was nötig war!« so stehe sogleich auf und verrichte es.

Wenn um dich herum böse und teilnahmslose Menschen sind und dich nicht anhören wollen, so falle vor ihnen nieder und bitte sie um Verzeihung! Denn in Wahrheit bist auch du daran schuld, daß sie dir nicht zuhören wollen.

Wenn sie aber so erzürnt sind, daß du schon nicht mehr mit ihnen reden kannst, so diene ihnen schweigend und in Demut und verliere niemals die Hoffnung.

Wenn aber auch alle von dir weichen und schon mit Gewalt dich vertreiben werden, und wenn du dann ganz allein geblieben bist, so falle zur Erde nieder und küsse sie und benetze sie mit deinen Tränen, und es wird die Erde Frucht ersprießen lassen aus deinen Tränen, wenn dich auch niemand sah und hörte in deiner Einsamkeit.

Sei gläubig bis ans Ende, wenn es sogar so kommen würde, daß alle auf der Erde vom rechten Pfad weichen, und du nur allein gläubig bleibst; bringe du auch dann dem Herrn Opfer dar und preise ihn, du, der du allein ihm treu bleibst!

Wenn aber noch einer sich mit dir vereint, so ist da auch schon die ganze Welt, die ganze Welt der lebendigen Liebe! Umarmt einander darum in Rührung und lobet den Herrn: denn wenn es eurer auch nur zwei sind, so hat sich doch seine Gerechtigkeit erfüllt.

F. M. Dostojewski

Wenn jemand unter euch groß werden will,
wird er euer Diener sein,
und wenn jemand unter euch der Erste sein will,
wird er euer Sklave sein;
so wie der Sohn des Menschen nicht gekommen ist,
um bedient zu werden,
sondern um zu dienen
und sein Leben zu geben als Lösegeld für viele.

Jesus Christus über die wahre Größe im Reich Gottes
(Matth. 20,26–28)

X. Vom Geheimnis des Dienens

Es gibt auch geistliche Väter und Mütter, die die Funktion eines geistlichen Nothelfers, eines geistlichen Beistands von Fall zu Fall haben: Sie werden zu einem Menschen geführt und merken, daß er Trost oder Hilfe braucht, und begleiten ihn ein Stück. Und dann ist er irgendwann so weit, daß er allein weitergehen kann.

Das ist der Dienst, den jeder von uns leisten muß: aus Liebe den Menschen helfen. Du mußt wie der Samariter handeln. Du siehst den Menschen geschlagen, fast gestorben, du mußt erste Hilfe leisten und ihn in ein Hotel bringen und das Geld für ihn bezahlen.

Du mußt aber auch deine Grenzen spüren. Es gibt zu viele Menschen, die dich ausnutzen wollen, Parasiten sozusagen. Sie sterben und wollen dich mit hinunterziehen. Deshalb mußt du die Grenze deiner Hilfe anerkennen und da aktiv sein, wo du ganz real helfen kannst und sollst.

Es gibt das sogenannte Helfersyndrom, das sich bei einem entwickelt, wenn man glaubt, man wäre der Helfer für alle. Aber Gott will das gar nicht, und man macht sich in dieser Rolle kaputt.

Bei den Geistlichen hier im Westen ist das oft so. Sie haben viele Sorgen und so viele Beschäftigungen, so viele verschiedene Versammlungen und so viele Frauen und Männer, von denen sie in Anspruch genommen werden. Ich kenne sogar Geistliche, die zu Psychoanalytikern gehen, weil sie zusammengebrochen sind. Das ist ein Zeichen dafür, daß sie nicht verstehen, ihre Grenzen zu sehen und einzuhalten.

Mutter Teresa dagegen kann heute einige Hundert Menschen betreuen. Aber Hunderttausende sterben, und sie muß nein sagen, jeden Tag.

Das heißt: Es ist nicht unsere Aufgabe, das Leid aus der Welt zu schaffen oder allen zu helfen. Das ist unmöglich. Das Tragische wird bleiben.

Unsere Aufgabe ist es, dort, wo wir hingestellt sind, das Unsere zu tun. Und das tat der barmherzige Samariter. »Ein Mann ging von Jerusalem nach Jericho« – ich weine immer, wenn ich das lese, weil ich verstehe, welche Kühnheit, was für eine geistliche Revolution in dieser Parabel ist. Der Mann, der mir ganz fremd ist, in dem mir das durch Erziehung oder Propaganda eingeprägte Feindbild entgegenkommt, der vielleicht wirklich – wie dieser Samariter – Vertreter einer Irrlehre ist – diesen Mann macht Gott zu meinem Nächsten, der mir aus der Not heraushilft und daür sorgt, daß mir weitergeholfen wird. »Ausgerechnet der!« Ja, und ich werde Gott noch dafür danken!

Daran muß ich immer denken, wenn ich das Gleichnis höre. Und ich frage mich, wem ich der Nächste sein soll – ob ich ihn sehe, wenn er da irgendwo liegt, und ich bitte Gott, mir zu helfen, daß ich nicht in die Versuchung komme vorüberzugehen!

Es gibt noch eine andere Geschichte, die mich so berührt: die Geschichte von der Fußwaschung, als Jesus das Oberkleid ablegt und sich wie ein Sklave hinkniet und den Jüngern die Füße wäscht.

Das ist auch ein Dienst der geistlichen Väter. Ein beispielhafter Dienst. Aber nicht nur das. Sie sehen ihre Funktion in der Nachfolge Jesu wirklich als einen Knechtsdienst an.

Für mich ist das ein ganz wichtiger Gedanke: Magd Christi sein mit allem, was ich bin und habe, einfach um Gottes Willen zu dienen, auch ohne zu fragen, was dabei herauskommt.

Ich habe solche Menschen gesehen, die genial sind im Dienen; die so sensibel sind und schon wissen, was man braucht, bevor man überhaupt den Mund aufgetan hat. Es ist eine solche Kultur, als wären diese Menschen von einem anderen Planeten. Sie gehen auf einen ein, erfühlen das innere Leben des Menschen und wissen sofort alles.

Das ist auch während der Beichte sehr wichtig: Daß zum Beispiel der Starez sieht, woran du leidest, noch bevor du darüber sprichst. Das lernt man, wenn man wirklich dienen will, als Magd, als Knecht, wenn man nicht faul ist. Nur unser Stolz stört uns dabei und die Bequemlichkeit. Wir sind zu stumpf, um den anderen wahrzunehmen.

Die Starzen haben mir oft gesagt: Das Geheimnis des Dienens besteht darin, daß man am meisten die Menschen lieben muß, die die schlimmsten sind. Wir sehen schnell die schwachen Seiten eines

Menschen. Wir fangen dann an zu kritisieren und etwas Schlechtes zu denken und sehen sofort seine Sünden.

Der Mensch ist schutzlos. Jeder kann den andern kritisieren, und das geschieht pausenlos in der Welt.

Die Starzen sehen noch mehr. Sie sehen auch die Sünden, die wir nicht sehen. Sie sehen ganz schwarze Hintergründe, die wir verdecken oder die wir gar nicht wissen oder nicht wissen wollen. In uns sind Abgründe, die wir gar nicht sehen können. Gott sei Dank! Aber die Starzen sehen sie.

Wie groß muß nun die Liebe sein, daß sie gerade diese Menschen, die die schlimmsten sind, noch mehr lieben als die anderen!

Ich habe das in einem Gottesdienst in einem Kloster erlebt. Ich kenne einen Menschen vom KGB, der zum Glauben gekommen ist, der wirklich ganz schwarze, schreckliche Verbrechen begangen hat. Er ist zum Gottesdienst gekommen. Erst am Schluß des Gottesdienstes ist er in die Kirche eingetreten. Als der Starez ihn sah, hat er alle »hundert Schafe« gelassen, ist durch die Kirche zu ihm gelaufen, er hat ihn umarmt und geweint und ihn geküßt.

Er hat ihn gar nicht gekannt. Er hat einfach sein Gesicht gesehen. Er hat alle anderen, die lange Schlange der Frauen, die sich zum Empfang des Segens angestellt hatten, stehen lassen – ich habe das gesehen: wie er geweint hat über diesem Kopf und wie er ihn geküßt hat. Ich habe nichts verstanden. Aber er war so weich und war am Ende selbst wie ein Kind.

Das ist der Hirt, der mit dem Mitleid lebt und mit einer solchen Liebe, mit einem solchen Mitleid, das wirklich praktisch schon eine besondere Kultur ist, denn wir bekommen gewöhnlich Angst vor Menschen, denen man die Gewalttätigkeit ansieht. Die Starzen – ihre Liebe ist so groß, daß sie wohl gar für Dämonen beten könnten.

Ich bin ein Einsamer und Überzähliger
in diesem Lande, in dem es keine Demut gibt.

R. M. Rilke
in einem Brief
an Alexej S. Suworin
vom 5. März 1902

XI. Über die Funktion der christlichen Kultur

Eine Begriffsklärung:

Bei uns in Rußland ist es kein Problem, über christliche Philosophie zu referieren. Bei uns gab es und gibt es heute immer noch christliche Philosophen und auch christliche Philosophie. Das hat damit zu tun, daß wir uns nicht Theologen nennen. Bei uns sind nur jene Männer Theologen, die heilig sind.

Im Westen sind die Theologen nicht unbedingt heilig. Deswegen war ich immer empört, daß man sie Theologen nennt, während sie doch oft gar nichts verstehen, sogar keine menschliche Erfahrung haben, noch weniger geistliche, sondern einfach aus irgendwelchen eigenen Vorstellungen heraus ganz abstrakte Dinge schreiben.

Wir würden zum Beispiel die existentiale Interpretation in der Theologie und die feministische Theologie niemals Theologie nennen, weil das nichts mit Gott zu tun hat. Für uns ist das alles Philosophie. Es ist das eigene Bild von der Welt. Was hat das mit der Offenbarung zu tun? Sehr wenig.

Wir verstehen Theologie nicht so weit wie hier. Man könnte sonst auch Dostojewski einen Theologen nennen. Man könnte Berdjajew, S. L. Frank, Solowjew, Schestow Theologen nennen. Wir haben eine ganze Reihe wesentlicher christlicher Denker, die sich als Philosophen und Schriftsteller bezeichnet haben. Das ist eine gute russische Tradition, sich nämlich in der Demut in seinen eigenen Grenzen zu sehen.

Es gab in Rußland eine akademische Theologie, die aber sehr schwach war. Deswegen ist – als Reaktion auf diese schwache, aus dem Westen gekommene Theologie – noch im 18. Jahrhundert eine alternative christliche Philosophie entstanden.

Die wahre Theologie, die wahre christliche Philosophie ist in Rußland oft von den Laien ausgegangen. Auch heute sind sie es, die Intellektuellen, die Christen sind und sich zur Kirche halten, die sehr viel schreiben und dabei auch das Gefängnis riskieren oder daß sie auf andere Weise dafür bestraft werden. Aber sie schreiben trotzdem. Wir haben in Rußland 21 Nummern von unserer Zeitschrift »37« gemacht. Das war die Zeitschrift für christliche Kultur mit einer Abteilung für christliche Theologie bzw. Philosophie.

Aber dazu braucht man die gesamte christliche Kultur als solche. Es ist ja nicht so, daß im Sinne einer Einbahnstraße die christliche Philosophie aus der christlichen Kultur entstände oder umgekehrt die christliche Kultur aus der christlichen Philosophie. Aber umfassender als die Philosophie ist die Kultur, und die christliche Kultur suche ich im Westen vergebens.

Viele Kirchen haben sich einfach von der Kultur abgesagt. Man sehe sich nur die schrecklichen Ikonen und frommen Kitschbilder an, die hier verkauft werden, und wie häßlich die modernen Kirchen sind: kalt, anonym, eitel. Man hat sich abgesagt und leidet. Man leidet auch daran, daß die Schönheit fehlt, und kann sich kaum vorstellen, daß der Heilige Geist in solchen Kirchen heimisch sein könnte. Ob es den David auch so sehr nach den »schönen Gottesdiensten« verlangt hätte »und zu betrachten den Tempel Gottes« (Psalm 27), wenn er unsere Gottesdienste und Kirchen gekannt hätte?

Man kann uns natürlich entgegenhalten: Das Leben auch in der Kirche ist so mies, die Kirche ist so abgenutzt und tot, also kann man nur noch tote Kirchen bauen und nur noch tote Bilder in die Kirche stellen.

Ich glaube aber, nicht alle avantgardistischen Künstler denken so. Wir haben einige russische Avantgardisten, die gerade die christliche Tradition entdeckt haben. Sie verneinen die humanistische Renaissancetradition und entdecken wieder das christliche Mittelalter, die alte russische Tradition: die Ikone. Das kann man sogar bei Picasso sehen. Und viele Künstler, die heute in Rußland leben, verstehen sich selbst als christliche Künstler, sind aber Avantgardisten. Gerade in der modernen Kunst hat man diese mittelalterlichen Prinzipien wieder entdeckt.

Es gibt also Annäherungspunkte zwischen Avantgardisten und der christlichen Tradition. Deswegen habe ich keine Angst um die christliche Kultur bei uns. Ich habe sehr viele Freunde, vor allem in Rußland, die Avantgardisten sind und die gläubig sind. Die versuchen, ihre Kunst christlich zu verstehen. Und das gelingt ihnen.

Ich glaube, die Kirche kann das auch. Es ist natürlich so, daß hier im Westen sehr wenig Künstler, sehr wenig Architekten Christen sind. Und weil sich die Künstler genug angepaßt haben, sind auch sie Materialisten und malen und schreiben und bauen, was der Zeitgeist will. Nach dem Heiligen Geist fragen sie nicht – wie sollten sie auch! Aber die Schönheit ist – wie die Schöpfung zeigt – sicher eine Gabe Gottes und für Simone Weil auch ein Beweis, daß Gott existiert. Und der Vater Florensky meint, Gott existiere, weil die Dreifaltigkeits-Ikone von Andrej Rubljew existiert, jene Ikone mit den drei Männern, die zu Abraham gekommen sind – ein Meisterwerk. Man steht davor und schaut und schaut.

Wir wollen schöpferisch leben. Da kann keine Langeweile aufkommen.

Schopenhauer hat gesagt, man müsse zwischen Langeweile und Leiden wählen. Wir in Rußland haben das Leiden gewählt, und der Westen die Langeweile. Der Mensch hier hat sich einfach daran gewöhnt, nicht zu leben.

Ich bekenne, Herr, und sage Dank, weil Du in mir dieses Dein Bild erschaffen hast, daß ich Deiner eingedenk Dich wisse und Dich liebe. Aber es ist so zerstört durch die Gewalt der Fehler, so verdunkelt durch den Rauch der Sünden, daß es nicht wirken kann, wozu es geschaffen ist, wenn nicht Du ihm neue Form und Gestalt gibst. Ich versuche nicht, Herr, Deine Tiefe zu durchdringen, weil mein Geist dieser in gar keiner Weise gewachsen ist; aber ein wenig möchte ich Deine Wahrheit verstehen, die mein Herz glaubt und liebt.

Anselm von Canterbury

XII. Schöpferisch leben

Die große Gefahr für das Christentum des Westens besteht darin, daß man die Sünde abgeschafft hat, die Menschen also nicht mehr sündigen. So sind sie weder kalt noch heiß, ohne Reue, ohne Vergebung, ohne Freiheit. Melanchthon hatte furchtbare Angst zu sündigen und verfiel deshalb in einen solchen Krampf, daß Luther ihn aufforderte: »Pecca fortiter! – Sündige tapfer!« – damit er endlich zugeben konnte, daß er ein Sünder sei.

Der Mensch ist und darf ein Sünder sein. Es ist ganz klar, daß die schrecklichste Sünde besser ist als der geistliche Tod, als dieser Durchschnitt in Grau; diese Trägheit, in der man lebt.

Deswegen wird von uns Christen erwartet, daß wir Farbe bekennen. Wir sollen schöpferisch leben, weil Gott uns einen schöpferischen Geist gegeben hat, und dieser Heilige Geist schafft immer das Neue.

Traditionell wird das Christentum als Feind des Schöpferischen verstanden. Das ist ganz falsch. Viele Christen sehen deshalb auch in allem Neuen eine Bedrohung für ihren Glauben. Das ist auch falsch. Denn alles Schöpferische schafft Neues.

Da aber der Teufel, der »Nachäffer Gottes«, seine alten Künste immer wieder neu aufpoliert, ist auch hier die Gabe der Geisterunterscheidung so wichtig. Auch sie gehört zur Kultur, die aus dem schöpferischen Geist entsteht. Sie hilft erkennen, ob ein Geist von Gott kommt oder ob es sich um dämonische Einflüsse handelt. Das ist ganz wichtig. Aber sehr viel von dem, was wirklich Kultur ist, kommt von Gott und ist sein Geschenk an uns, seine Kinder.

Deshalb ist es falsch, wenn wir mit der Angst vor dem Neuen leben. Die Kirche selbst muß immer neu sein. Das widerspricht nicht der Tradition. Das ist Tradition, weil der Heilige Geist immer neu und immer ein Erneuerer und ein Neuerer war.

Es muß schlimm sein, wenn man auf einem Platz steht und sich nicht rühren kann, wie im Traum, wenn man fliehen will und nicht kann. Wer sich geistig nicht fortbewegen kann, lebt wie im Gefängnis, festgekettet an die eigene Angst.

Wer in Demut, in der Reue und in der aus Glauben geschenkten Freiheit lebt, der wächst. Er wächst, weil Christus in ihm wächst. Das zu wissen, macht wirklich frei. Aber ist das nicht auch das Größte, das einer erleben kann? Man muß dabei auch weitergehen. Man muß riskieren. Denn jeder Tag dieses neuen Lebens ist prallvoll von Neuem.

Ich fragte l'Abbé Pierre: »Was bedauern Sie am meisten in Ihrem Leben? Haben Sie etwas zu bedauern? Was haben Sie falsch gemacht?«

Und er antwortete: »Ich bedaure, daß ich zu wenig riskiert habe, im Guten zu wenig riskiert habe.«

Das hat er gesagt, der viel mehr gewagt hat als alle anderen Menschen hier.

Man muß riskieren und immer weitergehen, aufs Neue zu, auf unbegangenen Pfaden. Da der Christ der schöpferische Mensch par excellence ist, dürfte er im Neuen nichts Bedrohliches sehen. Die Liebe ist die schöpferische Kraft, die ihn treibt.

Wir brauchen also Menschen, die helfen, in der Malerei, in der Dichtung, im Theater, in der Musik zu erkennen, was gut und was schlecht ist. Denn nicht jeder ist in der Lage, hier das Dämonische vom wirklich schöpferischen, von Gott her geprägten Neuen zu unterscheiden. Manche rennen nur dem Neuen nach, weil es neu ist.

Das ist natürlich ein Problem. Nicht alles, was neu ist, gehört zur Kultur. Da ist eben auch falsche Kultur, sogar dämonische Kultur. Aber der Antipode Gottes, der Teufel, ist absolut unschöpferisch, absolut unfähig, etwas Neues zu schaffen. Wenn er etwas schafft, ist das immer eine Wiederholung oder Spiegelung usw. von Gewesenem. Das kann man auch sehen. Aber das ist keine Kultur. Kultur kommt von *kultus*, das ist in vielen Sprachen so. Das heißt, die Kultur ist eingewurzelt in der Ehrfurcht vor Gott. Da muß man natürlich die Geister unterscheiden, und manchmal ist das sehr schwer.

Aber die Sache ist viel komplexer. Die moderne Kunst – z.B. die Pop-art, auch die Post-pop-art, deren Vertreter gerade über den Teufel sprechen, die ihre schrecklichen Objekte ausstellen, die viel schrecklicher sind als frühere – zeigt einen Gegenstand, der total leblos ist, ganz autonom, vom Betrachter ganz abgekehrt; einen Gegenstand aus dem Alltag: Man steht vor diesem Gegenstand, der im Museum steht, und plötzlich fängt dieses Objekt an zu transzendieren.

Sobald dies feststellbar ist, wird der Gegenstand der Kunst zugerechnet, als Kunst akzeptiert.

Die Kunst kann sich nicht befreien zu einem Gegenstand, den wir essen oder benutzen und in die Mülltonne werfen können. Kunst, wenn es eine Kunst ist, ist immer von einer Wolke der Transzendenz umhüllt. Deswegen ist die Kunst schon etwas Religiöses, d.h. Abspiegelung der Wahrheit; auch die Kunst, die über die schlimmsten Wahrheiten spricht, die die Künstler uns irgendwie nahebringen wollen. So spricht van Goghs Bild vom Garten der Anstalt von St. Remy über die Wahrheit des Ausgeliefertseins, das Bild von seinen Schuhen über den Menschen. In diesen Bildern ist Wahrheit und Transzendenz wie in allem, was in diesem Sinne Kunst ist. Deswegen ist es mir so wichtig, daß neue christliche Kunst entsteht.

Sie fehlt heute. Vielleicht gibt es in Rußland einige Maler, Dichter, die damit anfangen. Auch für sie heißt das: gefährlich leben. Und weil sie nicht bereit sind, ihr Leben billig herzugeben, geben sie sich nicht mit billiger Künstelei ab; sie wollen Kunst. Wenn man nur mit frommen Gefühlen arbeitet, kommt nichts Großes dabei heraus. Es ist naiv, es fehlt die Transzendenz, es fehlt – die Kunst.

Da stellt sich die Frage, was denn christliche Kunst ist: vielleicht die wahre Deutung der Zeit, die prophetische Schau, ausgedrückt mit den Mitteln der Kunst. Dann muß man mit diesen Mitteln versuchen, die christliche Wahrheit zu beleuchten, daß sie solche Schönheit ausstrahlt wie die Kathedralen des Mittelalters, wie die russischen und serbischen Ikonen im 14. Jahrhundert.

Wir sind in dieser Hinsicht alle sehr ähnlich. Man versteht, was Schönheit ist: Bewegung, Harmonie der Farben, der Formen. Man schätzt das bei uns sehr. Doch leider haben wir bei uns in Rußland keine Möglichkeit, in breiter Bewegung die Kunst zu organisieren. Es fehlen die Mäzene, die Künstlern, die Christen sind, helfen, damit sie im Gegenwind etablierter Künstlichkeiten standhalten können.

Wäre man auch imstande,
den ganzen Inhalt des Glaubens
in die Form des Begriffs umzusetzen,
so folgt daraus nicht,
daß man den Glauben begriffen hat,
begriffen, wie ich in ihn hineinkam,
oder wie er in mich hineinkam.

Sören Kierkegaard

XIII. Nach der radikalen Verneinung

Es ist schwer heute, über eine einheitliche Grundtendenz in der Philosophie zu sprechen. Man spricht über die *Philosophie des Post-Modernismus* wie auch über *die Kunst, die Kultur des Post-Modernismus*. Und das ist vielleicht eine einheitliche Tendenz.

Die Epoche der radikalen Verneinung, der radikalen Aufklärung ist an ihr Ende gekommen. Man befindet sich in einer Sackgasse. Die Aufklärung hat sich sozusagen selbst verneint. Weil sie immer und zu allem nein sagte, sagte sie am Ende auch zu sich selbst nein. Das Zerreißen von Zusammenhängen, das Zerstückeln alles Ganzen, die bis in alle Unendlichkeit vordringende Vernunft, die Verneinung jeder Autorität – mit alledem ist sie heute höchst verdächtig geworden.

Das ist sehr gut für das Christentum. Die vielen Intellektuellen, besonders hier in Frankreich, sind so an die Grenze zwischen Glauben und Unglauben herangerückt, daß sie nun den Glauben überall suchen. Sie suchen ihn jedoch nicht im Christentum, sondern in der Mystik des Islam, in der gnostischen Philosophie und bei den Ketzern, bei den christlichen Ketzern, in den Randzonen des christlichen Glaubens.

Aber das ist die erste Stufe dieses Interesses.

In Deutschland gibt es einen sehr interessanten Denker, Peter Sloterdijk, der das Buch geschrieben hat: *Kritik der zynischen Vernunft.** Er beschreibt den Zynismus als letztes Stadium des Nihilismus, viel schlimmer, viel zerstörischer als der Nihilismus selbst. Der Nihilismus kämpft wenigstens noch, während der Zynismus nur noch Müdigkeit ist. Nach Peter Sloterdijk ist der einzige Ausweg aus diesem Nichts dieser Zynismus von unten. Das heißt, man muß total frei werden, auch frei von der Ideologie des Nichts. Das heißt weiter: Man muß total transzendieren, man muß praktisch ein Zyniker sein, sich fallen lassen, sich gehen lassen, schamlos werden, ein Narr.

---

* Frankfurt 1983, 450 S., kt.

Er bleibt damit nicht in der christlichen Tradition, das ist klar. Er beruft sich auf die griechische Philosophie, auf Diogenes von Sinope, der in der Tonne und der auf dem Markt von Athen mit der Laterne nach »Menschen« sucht. Ein Narr. Aber ich sehe ganz klar – ich habe darüber schon geschrieben* –, daß dieser Weg des Zynismus von unten, d.h. die Revolte von unten gegen alle toten Formen, gegen die Zwänge der Gesellschaft und der Welt, der Weg zum Narrentum ist – auch der zum christlichen Narren. Das ist nicht der Weg, den Sloterdijk geht, der sich aber anbietet. Es gibt viele Charakteristika, die sowohl für den griechischen Zyniker typisch sind als auch für den christlichen Narren, der seinerseits wieder viel freier ist als die Griechen. Zur Freiheit hat uns Christus berufen: Gott ist deswegen Mensch geworden! Der Mensch ist also wirklich frei – jedoch nur der Christ, nicht der Hellene. Ich glaube, Peter Sloterdijk muß im Prinzip noch einen Schritt weiter gehen: zu Christus hin. Das ist postmoderne Philosophie.

In Frankreich schreibt Jean Baudrillard ganz interessante Dinge über diese Zeit. Er ist auch an der Grenze des Glaubens, des Christentums. Er sagt: »In unserer Zeit ist das Nichtreale viel realer als das Reale«, und weist darauf hin, daß etwa die Landkarte viel realer ist als die Landschaft, die sie beschreibt, und der Spiegel viel realer als das Gesicht. Es ist die Zeit des Anmaßenden, des sich Wiederholenden, sich Spiegelnden und der Simulacres, wie man im Französischen sagt. Es gibt danach also praktisch keine reale Ursache, sondern nur Wiederholungen, und es ist die Macht des Teufels, daß es kein Original mehr gibt, sondern nur noch die Übersetzung bzw. Kopie.

Das ist auch die Tendenz der heutigen Philologie, daß man über die Metasprache spricht, nicht über die Sprache selbst. Man spricht nicht, man zitiert nur noch. Die Zitate aus dem Werk sind wichtiger als das Werk selbst und der Zusammenhang im Werk.

Auch in der Kunst: Der Hyperrealismus ist viel realer als Realismus, obwohl das »total« nicht real ist. Aber es gibt sich realer als die Wirklichkeit selbst und wird auf diese Weise zur neuen Wirklichkeit.

* in: Die Kraft christlicher Torheit, 3. Aufl. Freiburg 1985, 128 S., kt.

Für mich ist das eine Beschreibung der Hölle. Jean Baudrillard schreibt nicht über die Hölle, er ist jenseits von allen christlichen Begriffen. Aber es ist die Hölle.

In der Kunst der Hyperrealisten gibt es keine Bewegung. Die Menschen sind wie gefroren; sie stehen im Museum und können sich nicht vom Platz rühren.

Es gibt keine Freiheit, man kann sich nicht ändern, nicht verändern – auch das ist der Tod, auch die Hölle.

Es ist für mich sehr interessant, daß die moderne Philosophie, die supermoderne, die postmoderne Philosophie die postmoderne Gesellschaft so genau beschreibt. Das ist schlimmer als in Dantes Hölle, nicht in der »göttlichen«, sondern in der teuflischen Komödie.

Dabei muß ich feststellen, daß es die Atheisten sind, die in ihren Analysen irgendwie treffender und genauer sind als die Christen. Die Christen bleiben immer zurück. Sie haben Angst, solche Themen aufzugreifen, und ich weiß nicht, warum. Ich habe keine Angst, sogar dieser Baudrillard ist als Politischer sehr links und war, glaube ich, Maoist. Bis heute sind seine politischen Anschauungen mir ganz fremd. Aber seine Philosophie und seine Soziologie sind – glaube ich – eine Annäherung an die christliche Erlösung, weil sie wahr sind und weil sie nicht den Schrecken in falscher Rücksicht vertuschen.

Ich bete zu Dir, Herr, daß ich Dich erkenne, Dich liebe, an Dir mich freue. Und wenn ich es in diesem Leben nicht voll und ganz vermag, lasse mich dahinwandern meine Tage, bis die Fülle der Freude kommt.

Möge meine Erkenntnis von Dir hier sich vertiefen und dort sich vollenden; meine Liebe zu Dir hier wachsen und dort sich erfüllen, meine Freude hier groß sein in der Hoffnung und dort voll in der Wirklichkeit.

Anselm von Canterbury

XIV. Die Aufgaben des Philosophen

Für die orthodoxe Tradition wird die Theologie von Gott bestimmt. Gott wirkt. Er schreibt die Theologie. Dafür fehlt der westlichen Theologie die Erfahrung. Was westliche Theologen sagen und veröffentlichen und was bei uns als Philosophie bezeichnet würde, zeigt, daß viele Theologen hier keine religiöse Erfahrung haben. Deshalb phantasieren sie, wenn es um religiöse Fragen geht, und die gehören schließlich zu ihrem Beruf.

Im Prinzip ist die Theologie so etwas wie eine Ikone. Um eine Ikone zu »schreiben«, muß man viel beten und viel fasten, man muß gesegnet sein und alles so machen, daß Gott durch dich spricht. Daß du so transparent wirst, daß Gott frei durch dich sprechen kann.

Das ist für uns Theologie. Man sollte mit dieser Perspektive zu arbeiten suchen!

Die Philosophie hat eine ganz andere Perspektive. Ich brauche nicht zu betonen, daß der Christ, der Philosoph ist, auch hier demütig, als Begnadeter seine Arbeit tut. Er spürt seine Grenzen. Doch während der Theologe transparent für Gott sein soll, ist es nicht die Aufgabe des Philosophen, selbst transparent zu sein – er soll transparent machen. In der Philosophie ist der Philosoph das Subjekt. Das ist schon Philosophie: daß ein Mensch, der sucht, der vielleicht zweifelt, daß dieser Mensch ganz klar von Anfang an sagt: Ich weiß nicht, ob ich die Wahrheit sage. Ich bin endlich.

In der Theologie ist das Subjekt Gott. In der Philosophie ist das Subjekt der Mensch.

In der Theologie ist das Objekt der Mensch. In der Philosophie kann das Objekt auch Gott sein.

Vom Standpunkt des Menschen aus schreibt Gott die Theologie, und die Philosophie schreibt der Mensch. Sein Gegenstand kann ganz beliebig sein. Philosophie ist frei. Wichtig ist nur, wer schreibt und wie er schreibt.

Die religiöse Philosophie wird gewöhnlich von gläubigen Menschen geschrieben, die versuchen, vollkommen zu sein und doch ganz klar wissen, daß sie nicht vollkommen sind. Die russische

Philosophie ist in dieser Richtung sehr typisch. Sie ist leider im Westen wenig bekannt, außer einigen wie Nicolai Berdjajew, Wladimir Solowjew, Fjodor Stepun, Florowsky, Lossky, Evdokimov und andere russische Philosophen, die ganz bescheiden, ganz aus der Demut philosophiert haben, auch über Gott.

Das ist auch meine Position. Ich bin so schwach, so sündig und geistlich oberflächlich, daß ich nur philosophieren kann. Ich kann nicht sagen, ich sei Theologin. Ich will versuchen zu denken, aber das ist natürlich auch nur mit Hilfe des Heiligen Geistes möglich. Doch ich verstehe, daß ich im Denken begrenzt bin.

Was ich über die atheistische Philosophie, die kühn und tapfer weitergeht, und die moderne, postmoderne Philosophie gesagt habe – ich glaube, wir Christen müssen es machen wie sie: alle Grenzen überwinden und wirklich kühn weitergehen. Wenn sich christliche Philosophen als konservative Philosophen bezeichnen, ist das kein Ausweg. Das ist praktisch keine Philosophie.

Philosophie sieht nach vorn, auch wenn sie über die Geschichte philosophiert. Sie wiederholt sich nicht, sondern versucht mit dem ihr zur Verfügung stehenden Instrumentarium Licht in vergangene, gegenwärtige oder künftige Entwicklungen oder Situationen zu bringen. Sie will »erhalten«, klären, deuten.

Ich meine nun nicht, daß man unbedingt über alles – über alle Traditionen, alle Grenzen – hinweggehen soll. Man muß einen Weg finden, von der die Tradition einerseits und die vom Evangelium gesetzten Grenzen andererseits auseinanderhält und so richtiges Denken erst möglich macht.

Das ist wie bei der Ikone, wo man schon ein Urbild hat, was sich auf die Individualität des Meisters – des Denkers – überhaupt nicht negativ auswirkt; es hilft im Gegenteil, das Kunstwerk weiterzuentwickeln. Wenn man z.B. eine Ikone ohne diese kanonischen Regeln beginnt, unternimmt man sehr viel unnütze Dinge, und am Ende entdeckt man selbst, daß diese Regeln einzuhalten sind.

So ist es auch im Denken.

So wird mit Hilfe von Tradition und Askese von der Tradition eine Persönlichkeit. Wir brauchen also die Asketik. Das ist kein Gefängnis. Askese hilft uns, daß wir uns selbst finden. Man kann nicht ohne Askese leben. Jeder Mensch muß sich irgendwie begrenzen.

Die christliche Askese ist fundiert in einer Weisheit, die uns das gibt, was wir brauchen. Natürlich ist nicht immer so hundertprozentig klar, was man verneinen, was man bejahen kann und in welchem Maß. Sie liegen in der Wahrheit. Man kann Fehler machen, und man macht natürlich Fehler, deswegen sind wir Philosophen und keine Theologen. Aber man muß auch in der Lage sein, die Fehler als solche zu erkennen und zu bereuen.

Die Philosophie ist ein Bereich von Fehlern. Man steht praktisch immer an der Grenze zur Ketzerei, in allen philosophischen Systemen, auch in denen, die sich christlich nennen.

Ich will kein Ketzer sein, das ist ganz klar, aber ich spreche jetzt über die Philosophie, nicht über die Theologie.

Die Leser müssen die Philosophie gar nicht als eine absolute Wahrheit annehmen. Sie müssen sie nur annehmen, wie einen Gedanken, wie die Kunst. Deshalb muß man lernen, Philosophie zu lesen. Andererseits muß praktisch jeder ein Philosoph sein, jeder von uns. Denn Philosophie ist einfach ein Gespräch. Ich bin gar nicht sicher, daß ich nur die absolute Wahrheit sage. Ich drücke mich aus – das, was ich jetzt denke. Die Philosophie ist niemals das letzte Wort der Wahrheit gewesen.

Trotzdem kann man als Philosoph sehr viel tun. Vor allem muß man den Zeitgeist artikulieren, christlich artikulieren – was bis heute nicht geschehen ist, weil wir in unserer christlichen Kultur nicht auf der Höhe des Zeitgeistes stehen.

Wir brauchen nicht dem Zeitgeist nachzulaufen und der Welt uns anzupassen. Aber wir müssen doch verstehen, was geschieht, und die Zeichen der Zeit ganz klar sehen. Sonst kann man einfach nicht existieren.

Die christlichen Philosophen müssen den Christen die Sprache geben, damit sie verständlich – für ihre Zeitgenossen verständlich – sprechen können. Wir sind heute sprachlos. Deswegen sind die Menschen wie verloren, und die Christen haben wegen ihrer Sprachlosigkeit Angst vor den anderen, die sie belachen. Sie drücken sich so weltfremd und unverständlich aus, daß das Lachen derer, die sie hören, vielleicht noch die höflichste Reaktion ist. Man könnte auch zornig sein oder verzweifeln angesichts so viel Einfalt bei so großem Anspruch!

Das ist eine große Verantwortung für uns, für die denkenden Menschen. Das kennen wir auch von Rußland, wir haben das gespürt. Deshalb haben wir im Untergrund so viele Zeitschriften – nicht für die Politik, sondern für die christliche Kultur. Deshalb ist es in Rußland auch einfacher als hier, Gespräche zu führen. Wenn man dort ein Christ ist, denkt man nicht notwendig, das wäre ein zurückgebliebener Mensch – im Gegenteil!

Man muß damit hier auch anfangen: anspruchsvolle christliche Zeitschriften herauszugeben, die die Sprache unserer Zeit vermitteln! Sprachlosigkeit hat Zeugnislosigkeit zur Folge. Wer nicht sprechen kann, kann seinen Glauben nicht bezeugen.

Jede Zeit hat ihre besonderen Probleme und ihre besondere Sprache. Die heutige Zeit ist eine hochgespannte Zeit. Es geht um Sein oder Nichtsein. Deshalb müssen wir auch heute bereit sein, auf die Fragen, die die Gegenwart uns stellt, mit Demut zu antworten und dies in einer Sprache, die die Welt versteht.

Als ich Christin geworden war, habe ich selbst studiert, was das Christentum ist. Ich habe diese Worte des Evangeliums sofort verstanden. Da steht ja das Wort des Paulus: »Verhaltet euch weise gegenüber denen, die draußen sind, und kauft die Zeit aus. Eure Rede sei allezeit freundlich und mit Salz gewürzt, daß ihr wißt, wie ihr einem jeden antworten sollt« (Kolosser 4,6).

Also ist es doch eine wichtige Aufgabe, die Christen unter den Philosophen zu suchen und sie zusammenzubringen, daß sie ein Zeichen setzen und daß sie auch in ihrer Literatur dem Christen von heute das sprachliche Werkzeug geben.

Da gibt es schon einige Versuche, die aber noch keine Früchte gebracht haben. Es ist sehr wichtig, daß wir das Gespräch haben. Da muß man sich sammeln, aufeinander hören und auf Gott hören und gemeinsam lernen, sich so verständlich zu machen, daß Christen und Nichtchristen verstehen und auch sich verstanden fühlen.

Jede biblische Geschichte ist eine Weissagung – die durch alle Jahrhun-
derte – und in jeder Seele des Menschen erfüllt wird. Um die Allgegen-
wart und Allwissenheit des Geistes Gottes zu glauben und zu fühlen,
darf man nur die Bibel aufschlagen. Jede Geschichte trägt das Eben-
bild des Menschen, einen Leib, der Erde und Asche und nichtig ist, den
sinnlichen Buchstaben; aber auch eine Seele, den Hauch Gottes und
den Athem seines Mundes, das Licht und das Leben, das im Dunkeln
scheint und von der Dunkelheit nicht begriffen werden kann. Der
Geist Gottes in seinem Wort offenbart sich wie das Selbständige – in
Knechts Gestalt – ist Fleisch – und wohnt unter uns voller Gnade und
Wahrheit.

Johann Georg Hamann

Das ist die Sehnsucht: wohnen im Gewoge
und keine Heimat haben in der Zeit.
Und das sind Wünsche: leise Dialoge
täglicher Stunden mit der Ewigkeit.

R. M. Rilke

XV. Kulturelle Einflüsse

Der Einfluß der deutschen Philosophie auf unsere Intellektuellen war im 18. Jahrhundert und vor allem im 19. sehr groß. Es gab die neukantische Schule von Nicolai Hartmann und Max Wundt, die Marburger Schule von Hermann Cohen, Paul Natorp; Hegel wurde bei uns gelesen und die Brüder Schlegel, Schelling, Franz Xaver Baader und andere. Es war alles so spannend, was von Deutschland kam; ich glaube, Rußland war das Land, wo man all diese deutschen Bücher als erste gelesen hat, früher als in anderen Ländern, und zwar mit leidenschaftlichem Interesse. Da hat man einander zum Duell geladen, wenn man Streit gehabt hat – bei uns war die Philosophie immer eine Lebensfrage, und wenn man im 19. Jahrhundert Hegel nicht gelesen hatte, wurde einem das Existenzrecht abgesprochen.

Das kann man in den Briefen bekannter Autoren immer wieder lesen.

Diese Hochschätzung der deutschen Philosophie, der deutschen Kultur ist bis heute nicht geringer geworden, obwohl es natürlich ganz anders ist, weil man nur schwer Informationen darüber bekommt. Zur modernen Philosophie bekommt der normale Mensch praktisch keinen Zugang. Man geht in die großen Bibliotheken, wo es aber auch sehr schwer ist, die Literatur zu erhalten, wenn man nicht bevorzugt Zugang dazu hat. Trotzdem wird auf dem schwarzen Markt Heidegger verbreitet. Ich habe ihn selbst übersetzt und meine Übersetzung dort gekauft. Oder Jaspers und natürlich auch die Frankfurter Schule. Alles, was hier geschrieben wird, kommt nach Rußland – nicht sofort, aber nach zwei, drei Jahren, so daß man Deutschland noch immer als das Land der hohen Kultur, des hohen Geistes betrachtet.

Das ist geblieben. Der Krieg, der uns politisch so auseinandergeführt hat, hat auf diesem Sektor kaum negative Wirkung gehabt.

Ich spreche oft hier in Deutschland, und man stellt mir immer wieder die Frage, wie die Russen zu den Deutschen eingestellt sind und ob man Rachegefühle hat oder irgendwelche Ressentiments.

Ich habe davon einfach nichts gemerkt. Ich bin in einem ganz einfachen Milieu aufgewachsen, bei den einfachen Menschen, wo man in jeder Familie einen Mann oder zwei Männer verloren hat. Aber ich habe nie bemerkt, daß man Deutschland irgendwie negativ sah.

Ich glaube, das Gefühl der Schuld, das bei den Deutschen sehr entwickelt ist, muß, damit es wirklich fruchtbar werden kann, in ein Gefühl der Reue übergehen, der Buße, und daraus schafft Gott Erneuerung – nur so ist die Vergangenheit zu überwinden.

Hier könnte die Kirche ganz wesentlich helfen. Aber in einer entkirchlichten Gesellschaft ist es schwer, vom Schuldgefühl zur wirklichen Buße, zur Reue zu kommen. Das Schuldgefühl ist ein säkulares Gefühl, das hier, wo eine Gesellschaft sich aus der Kirche hinausbegibt, gar nicht mehr zur Reue, zur Katharsis finden kann. Deswegen bleibt man immer auf dem gleichen Niveau – bzw. man sinkt auf ein niedrigeres ab.

Wer die Erfahrung der Erneuerung nicht gemacht hat, kann sie nicht weitergeben, kann auch die wahren Kontakte, die echten Beziehungen nicht pflegen, auch nicht die mit den Russen.

Wir in Rußland sagen: Wir brauchen die Deutschen, auch heute. Wir brauchen diese Menschen bei uns dort zu Hause. Wir brauchen persönliche Kontakte, wir brauchen Kultur, wir brauchen Bücher, wir brauchen Bibeln, wir brauchen das Gebet der Christen, der Christen in Deutschland, und das alles muß auf Erneuerung, auf einer erneuerten Beziehung zu Gott, zu sich selbst, und zur Welt aufgebaut werden, nicht aber auf der Schuld, sonst ist es nichts. Es zerfällt, verschwindet, weil der Heilige Geist nie in diese Beziehung gekommen ist.

Die Leute haben recht, die sagen, daß wir nicht vergessen dürfen, damit aus der Kenntnis und aus der Erkenntnis dessen, was geschehen ist, Wiederholungen verhindert werden. Allerdings darf dieses Nicht-Vergessen nicht immer wieder zu neuen Schuldgefühlen führen. Nicht-Vergessen heißt deshalb auch: Wir sollen einiges doch vergessen.

Unser Volk hat auch sehr viel gesündigt. Auch unsere Intellektuellen – vor allem die, die diese Revolution vorbereiteten und auch durchführten, haben gesündigt. Aber deswegen müssen wir uns nicht noch mehr quälen.

Wenn es aber bei Schuldgefühlen bleibt, diese Schuldgefühle also nicht zu wirklicher Reue führen, ist das der Tod. Es kann auch so etwas wie Masochismus sein, der Versuch lustvoller Selbstgeißelung; zur Reinigung kommt es nicht. Man öffnet sich nicht den anderen, nicht Gott; es kommt zu keiner Beichte; man vertraut auf sich selbst, deswegen geschieht im Grunde nichts.

Der moderne Mensch hier im Westen, dem ein riesiges Arsenal an Informationen per Knopfdruck zur Verfügung steht, der, wenn er damit umgehen kann, immer einen Vorsprung an Wissen hat und dieses Wissen zum Teil schamlos gegenüber seinen Mitmenschen ausnutzt, kann sich aus dem Gefängnis der Schuld nicht selbst erlösen, denn auch sie ist per Knopfdruck parat.

Inzwischen verfügt der Apparat, der uns die Informationen über riesige Kapazitäten, die nun zu nutzen sind, so daß der Computer mehr und mehr zum Kollegen und Gesprächspartner wird – ein harter Partner, der seinen Compagnon nicht mehr aus dem Bereich des Bildschirms entläßt.

So entwickelt sich das Gespräch mit der Maschine – das mit dem Mitmenschen bildet sich konsequent zurück.

Nicht bei uns im Osten. Wir wissen weniger, dafür leben und erleben wir mehr.

Der von den Medien mit »Wissen« überflutete Mensch hier im Westen weiß schrecklich viel, alles Wissen steht ihm zur Verfügung, in jedem Wohnzimmer die ganze Welt, mit jedem Knopf das Universum. Doch seine Kenntnisse sind so oberflächlich, daß er sich nicht engagieren kann. Das ist ein Problem, über das man in der psychologischen Literatur schon gesprochen hat: daß man zuviel weiß und zu wenig erlebt.

Für uns, für die russischen Menschen, für die Emigranten vom Osten, ist das Leben hier praktisch so, wie Rilke das Dorf beschreibt: »Im kleinen Dorf so kleine Wahl . . .« Es geschieht nichts. Man hat nicht das Gefühl von Realität – Realität hängt ab vom Ereignis, und es ereignet sich nichts.

Die Realitätsfremdheit ist auch eine große Gefahr für die Christen, denn das Christentum beruht auf einem Ereignis, jenem einmaligen Ereignis, das Kreuz und Auferstehung Jesu Christi heißt. Darauf beruhen auch andere Ereignisse: die Kirche, die Eucharistie, die Taufe.

Alles dies muß geschehen. Aber seltsamerweise geschieht hier fast nichts. Man lebt, als wäre man gestorben.

Realitätsbewußtsein ist also ein Problem: Man kennt die eigenen Grenzen nicht und versteht sich deshalb nicht. Wie erleben wir z.B. das Fernsehen: Man sieht alles, alle möglichen Sachen: drei Minuten für Polen, das ist gar nichts, zwei Minuten für Äthiopien, zwei Minuten für den Bundestag, eine Minute Terror, drei Minuten für das Fußballspiel, eine Minute für das Wetter. Alles ist gemischt und alles ist auf dem gleichen Niveau. Die Werte fehlen: Wie kann der Mensch auswählen, wem er helfen soll? Es gibt soviel Leid – ist der soeben gesehene Bericht auch nicht manipuliert? Man kann niemandem trauen. Man mag nicht dem Falschen helfen. Man ist wirklich hilflos in dieser Situation, und man ist schon zu müde, um genauere Informationen bemüht man sich schon gar nicht mehr. Ein Druck auf den Knopf: Fußball – Spielfilm – Talkshow. O Abendland!

Deswegen ist der westliche Mensch sehr oft noch nicht einmal pessimistisch; er ist einfach kraftlos. Er hat keine Energie, um zu reagieren. Er stumpft ab. Ganze Landstriche können durch Erdbeben oder durch Kernreaktoren verwüstet oder auch vergiftet werden, er nimmt es zur Kenntnis, und dann das Nächste bitte: der Krimi. Jeden Tag neue Meldungen, und der Mensch wird hören, was da passiert ist; aber er wird keinen Finger rühren; auch das nächste Ereignis auf diesem Sektor wird ihn kalt lassen.

Das wird sehr gut in einem Märchen von H. L. Borghes beschrieben, der 1984 den Nobelpreis erhielt.

Er erzählt von der Stadt der Unsterblichen, wo sich Homer gerade in einen Affen verwandelt hatte – wegen der Langeweile, denn er hatte schon alles durchgemacht: Er hatte schon alles Schreibenswerte und -unwerte geschrieben, er hatte schon alle erdenklichen Verbrechen begangen, hatte studiert, gelehrt, geliebt, gehaßt, er war einfach schon alles gewesen und hatte alles Menschenmögliche getan. Jetzt hatte er sich wirklich in einen Affen verwandelt, was alle Menschen dieser Stadt auch schon hinter sich hatten. Es herrschte also die totale Langeweile, ein Zustand, für den das Wort Langeweile eigentlich nicht mehr zutraf, weil man die Langeweile als solche schon gar nicht mehr empfand – es war seit langem so und scheinbar schicksalhaft und würde wohl so bleiben – außerdem ging es einem dabei nicht gerade schlecht.

Die Geschichte erinnert mich an die heutige westliche Welt: Sie hat schon alles erlebt, aber praktisch nur funktional. Nichts ist ihr in die Seele gegangen, nur ins Bewußtsein: Sie weiß, was passiert ist, sie kann es analysieren, sie ordnet es und benotet es – aber die Seele und der Geist bleiben unberührt.

Das ist natürlich eine sehr große Gefahr für den Geist, daß man so abgestumpft lebt. Deswegen scheinen uns Emigranten vom Osten die Probleme hier so oberflächlich zu sein. Sogar die feministischen Probleme, sogar die pazifistischen Probleme. Viele Probleme sind keine echten, sondern ausgedachte Probleme, weil man aus seiner Langeweile heraus etwas machen will, aber man versteht nicht, was man machen muß.

Mögen die Winde pfeifen, mögen die Stürme brausen,
mag die Welt untergehen –
was kümmert das den alten Eichbaum,
der noch von den sechs Tagen der Schöpfung dasteht
und dessen Wurzeln Gott weiß wie tief in die Erde hineinreichen?
Was sind ihm Stürme? Was sind ihm Winde?

Scholem Alejchem

XVI. Unsere russische Seele

Ich kann natürlich nicht über das Ganze, über die slawische Welt sprechen. Ich kann nur einige Eindrücke schildern.

Was uns hier fehlt – den slawischen Menschen, den Russen, den Polen, den Tschechen –, das ist die Wärme unserer Welt, der seelische Bereich, der bei uns sehr reich ist und der uns trotz aller politischen Veränderungen doch geblieben ist. Denn der Mensch ist nicht getötet worden!

Der Teufel wirkt im Osten auf eine andere Weise als im Westen. Im Westen ist eine kalte Hölle. In Rußland haben wir eine heiße Hölle, d.h. der Mensch bleibt Mensch. Er ist nicht mechanisiert, er ist nicht abgestumpft, er ist nicht kalt gemacht. Er bleibt leidenschaftlich. Deswegen auch der Alkoholismus in Rußland.

Der Alkoholismus ist eine Krankheit, aber in dieser Krankheit bleibt doch etwas Menschliches lebendig – allerdings nur so lange, bis der Mensch nicht im Alkohol vollends ersäuft ist.

In der russischen Seele lebt noch das Geheimnis – der russische Mensch ist sozusagen »breit«. Er kann die Grenzen nicht aushalten, die Disziplin und Arbeit dem Westeuropäer auferlegen. Von daher kommen alle unsere Nöte, unser Elend.

Rußland ist riesig. Es ist viel zu groß, als daß man es sich durch Fleiß erobern könnte.

So war man immer zu faul, um zu arbeiten. Man hat fast alles so als Gnade hingenommen; deswegen wird die Ordnung gehaßt, deswegen wird die Politik gehaßt – einfach verachtet, kann man sagen. Alles, was bürgerlich ist, das ist verachtet.

Wir waren niemals gewöhnt, nach dem Gesetz, nach einer Verfassung zu leben. Das Böse, das bei uns herrscht, ist so grenzenlos wie auch das Gute. Beides ist nicht durch Gesetz einzugrenzen wie hierzulande, wo man ja auch das Gute eingrenzt, damit es nur nicht ausufert!

Unsere russische Seele hat eine andere Struktur. Ich habe im Westen sehr kluge und interessante Menschen erlebt. Wenn diese Menschen aber nach Rußland kämen, wären sie ganz verloren. Hier haben sie sich daran gewöhnt, daß das Auge des Gesetzes über ihnen wacht. Sie richten sich danach und unterdrücken alle ihre bösen Neigungen.

Bei uns wären sie vermutlich ganz anders. Ihre negativen Seiten könnten sich plötzlich auf ungeahnte Weise entfalten, und darauf wären sie überhaupt nicht vorbereitet! Sie erlebten sich plötzlich schlimmer als zu Hause. Zu Hause, wo das Gesetz herrscht und seine Macht ausübt, sind sie dann wieder ganz tapfer, tüchtig, moralisch o. k.!

Wir sind das nicht gewöhnt, können aber auch so existieren. Wir kämpfen gegen das absolute Böse mit dem Guten, nicht mit der Verfassung, nicht mit den Menschenrechten, sondern mit dem Guten, und die christliche Welt kämpft so vor allem.

Die Christen kämpfen so. Trotz der sowjetischen Erziehung, trotz der sowjetischen Propaganda bleibt die Sünde bei uns Sünde.

Der Mensch versteht, daß er sündigt. Er schämt sich, ist niedergedrückt und holt sich den Wodka. Vielleicht wird deswegen soviel getrunken. Die Reue äußert sich nicht so, wie sie sich äußern sollte; es kommt nicht zur Buße. Später will man büßen, man wartet immer auf diesen Augenblick; die Menschen sind dazu bereit, sie sind immer an der Grenze, aber vorher steht schon der Wodka da.

Nein, unsere Menschen sind noch nicht so flachgewalzt vom Materialismus und von den weltlichen Interessen. Der Materialismus ist bei uns viel weniger entwickelt als hier. Wir leben arm, und die russische Seele haßt das Geld und alles, was damit zu tun hat. Wir werfen es zum Fenster hinaus, indem wir heute prassen und morgen hungern.

Das ist unser Leben, das warme alltägliche Leben.

Obwohl es schwer ist, weil man bei uns sehr viel Zeit für alltägliche Dinge braucht, findet man immer Zeit füreinander. Man ist glücklich miteinander. In Leningrad haben wir fast jeden Tag bei uns zu Hause über 30 Menschen gesehen.

Es ist natürlich nicht immer leicht, wenn die Leute so eng beieinander sind. Es gibt da auch tragische Geschichten. Aber die Beziehungen sind wenigstens echt. Es gibt Freunde. Jeder Mensch hat echte Freunde, und es wäre unvorstellbar, keine Freunde zu haben. Auch die Beziehung zu den alten Menschen ist ganz anders, und es wäre eine Schande, wenn man die alte Mutter in ein Altersheim schickte.

Ja, bei uns ist es menschlicher, wir sind viel enger miteinander verbunden – vielleicht, weil wir ohnehin das ganze Leben lang in zwölf Quadratmetern zusammenwohnen.

Das hat zur Folge, daß eigentlich kaum jemand zu Hause ist. Ich war immer in der Bibliothek, oder man geht ins Kino; hat man keinen Platz bekommen, geht man in einen Park, in ein Gartenlokal, irgendwo findet man doch einen Platz – und einen Menschen, mit dem man reden kann.

Alles das ist schwer, und die Menschen sind nervös, hysterisch, nicht so liebevoll wie hier. Sie lächeln nicht. Sie kämpfen sich mit den Ellbogen in den Bus, in den Zug. Aber im Innern sind sie doch menschlicher als hier im Westen. Das Gespräch, die persönliche Beziehung zueinander werden sehr gepflegt.

Unseren Typ von Intelligenz, der in den Cafés und auf den Plätzen miteinander redet, diskutiert, streitet, brüllt und sich gleich in den Haaren liegen wird, sich in den Arm nimmt und küßt, ». . . bis dann!« – diese Spezies scheint es hier nicht zu geben.

Unsere Intelligenz ist eine Schicht von gebildeten Menschen, die nicht nur klug und gebildet, sondern Menschen mit Gewissen sind und in der Verantwortlichkeit für das Ganze stehen. Das sind nicht die Bürger, die Akademiker. Es sind Menschen, die wie eine Bruderschaft, ein bißchen wie in einem Kloster beieinander leben, voneinander wissen und miteinander das Beste für ihre Mitmenschen durchzusetzen versuchen.

Sie sind natürlich gebildet wie die Akademiker hier, aber das ist nicht alles. In ihnen lebt das Gewissen und der Schmerz für die ganze Welt. Eine solche Elite gab es auch in Deutschland in der Zeit der Romantiker, zumindest ungefähr so. In Rußland hat es in den letzten drei Jahrhunderten immer eine solche Schicht gegeben. Aber unter Stalin hat man gerade sie auszurotten versucht.

Heute haben wir wieder eine neue russische Intelligenz, und nun werden viele dieser Menschen religiös, sogar christlich, und deswegen ist die russische Literatur – man braucht nur an Solschenizyn zu denken – nicht nur Literatur. Sie ist Prophetie, ein Aufruf an das kranke Gewissen, es solle leben – leben mit dem Ganzen und nicht nur für sich selbst.

Das Ganze schließt alles ein, und das »Gewissen der Nation«, die Summe aller Verantwortlichen, greift tief, obwohl die Fähigkeit zur Verarbeitung beim ungeschulten Arbeiter sehr gering ist. Besonders wenn er auf dem Land lebt, erhält er außer politischer Schulung wenig Hilfe; und weil er der Hohlheit des Marxismus nichts abgewinnen kann, bleibt er lieber beim Wodka.

Eine engere Berührung zwischen Akademikern und Arbeitern ergibt sich zwangsläufig, wenn der Akademiker aus ideologischen Gründen seine Stelle verliert und auf dem Bau oder in der Fabrik mit den Arbeitern zusammenarbeiten muß. Aber auch hier geht die Beziehung nicht so tief, daß sich beide füreinander aufschlössen. Außerdem sind solche Beziehungen für beide Teile gefährlich. Trotzdem gibt es sie, und wenn sich beide als gläubig erkennen, kann diese Verbindung sehr herzlich und für beide Teile ein großer Gewinn sein. Dann ist Kirche, Leib Christi, alles eins in Ihm.

So ist es auch in der Kirche. Wir jungen sind mit den alten Frauen zusammen.

Als ich z.B. im Kloster gelebt habe, war ich die Schwester; sie haben nicht gemerkt, daß ich eine Intellektuelle bin. Die ganze Zeit über war das keine Frage, auch nicht für mich, etwa ob sie gebildet waren. Wir haben einander nur geliebt und deshalb verstanden. Das war meine Erfahrung vom Kloster, wo ich das »Volk« getroffen habe. In der »Welt« dagegen gibt es praktisch kein solches Erlebnis. Außerhalb der Kirche gibt es nur »Treffen«.

Wir leben in der Nähe unserer Seelsorger, und da sind sie alle: die Großmütter, die Kinder, Gebildete und Ungebildete, Intellektuelle und Praktiker, und alle tun ihre Arbeit. Wir sind alle miteinander verbunden. Unser geistlicher Vater hat niemanden vorgezogen. Er wußte: Jeder Mensch hat seine eigene Berufung. Aber diese Berufung hat das Wohl des Ganzen im Auge. Keiner ist nur »für sich« berufen, sondern zum Dienst für andere. Das Ziel ist die lebendige, gesunde Gemeinde, ein Gemeinwesen, in dem einer den anderen trägt.

Bei den Baptisten ist dieses Gefühl der Gemeinschaft schon sehr entwickelt. Trotz der Verfolgung haben sie große und lebendige Gemeinden.

Bei den Orthodoxen findet man das auch. Die Formen sind ganz verschieden. Man sammelt sich einfach. Man geht nach dem Gottesdienst zusammen zum Seminar oder zum Essen oder nur zum Gespräch. Daß man einander hilft, ist die automatische Folge. Man braucht einander. Vielleicht ist das ein Grund dafür, daß alles viel menschlicher bleibt.

Hier im Westen scheint man einander nicht zu brauchen; hier ist man reich. Man hat Freiheiten, kann reisen, wohin man will, überwindet riesige Strecken, um seine Freunde zu sehen – wenn man welche hat. Dort will man beieinander sein. Allein kann man dort nicht leben.

Hier blüht der Tourismus. Man kann reisen und reisen und sich totreisen, ohne irgendeinen Bezug zu jemandem. Man knüpft Reisebekanntschaften und löst sie nach der Reise wieder und bleibt allein.

Das würden wir nicht aushalten.

Das ist eben der riesige »Reichtum« des Westens – er ist arm an Gespräch, arm an menschlicher Wärme. Man müßte das Gespräch kultivieren, um es warm zu haben, um es auch denen warm zu machen, die draußen sind und frieren.

Ich will nicht behaupten, daß es hier kein Gespräch gäbe. Man redet sehr in der Kirche.

Aber der Mensch selbst ist nicht interessant. Man hält seine Rede, und dann geht man in seine eigene Welt zurück.

Ein Gespräch wird erst dann interessant, wenn der Mensch den Menschen wieder entdeckt, wenn man einander liebt, miteinander streitet um eines gemeinsamen Zieles willen.

Solche Beziehungen kann man nicht spielen; man kann sie nicht konstruieren. Die Liebe zum Mitmenschen kommt von Gott. Man kann Annäherungen versuchen, natürlich, und es gibt solche Versuche, besonders bei der Jugend. Da erlebe ich waches Interesse am Mitmenschen – aber auch da muß man herausfinden, wo es echt ist und wo manipuliert wird.

Bei uns muß die Liebe zum Nächsten echt sein, weil sie zu schnell in den Verdacht der Konspiration gerät und sich dann bewähren muß. So ist die Tatsache, daß ein interessantes Gespräch immer dann entsteht, wenn es aus Liebe und in Liebe geführt wird, ein hochinteressanter Aspekt.

Hier dagegen ist man gleichgültig im Gespräch. Man spricht miteinander, dann vergißt man das sofort. Warum? Weil man sich nicht öffnet, das Vertrauen nicht hat, weil man keine Hoffnung hat, daß man einander wirklich versteht und zu helfen bereit ist. Man will um eines Bla-bla willen keine Energie verschwenden. Man will es nicht, weil es nicht hilft.

Wenn ein Gespräch helfen soll, dann muß es wenigstens das Gefühl des Lebens schenken – es gibt solche Persönlichkeiten, solche überzeugenden Persönlichkeiten, die, wenn man mit ihnen spricht, das Gefühl des Lebens stärken. Zu diesen Persönlichkeiten kommen die Menschen. Man braucht sich bei ihnen gar nicht um interessante Themen zu bemühen. Die Persönlichkeit zieht an.

Das ist auch ein Problem der christlichen Persönlichkeit. Diese Persönlichkeit müssen wir kultivieren.

Simone Weil spricht da von der genialen Heiligkeit, und Nikolai Berdjajew, der russische Philosoph, erwartet, daß der Christ genial sei. Das heißt, daß er das Bild Gottes widerspiegelt, und das ist eine einfache Sache. Einfach deshalb, weil der Christ, wenn er einer ist, Gottes Geist hat. Viel schwieriger müßte es für den Christen sein, sich dem Geist der nichtchristlichen oder gar widerchristlichen Welt anzupassen.

Der geniale Christ ist natürlich original. Doch original sein ist noch nicht alles. Das Genie ist schöpferisch hoch begabt. Aber der so verstandene geniale Christ ist nicht der Ausnahme-Mensch der Romantiker – er ist der vom Schöpfergeist Gottes erfüllte Gläubige, Erlöste, Begnadete – dem Gott mit seinem Geist auch das Leben aus

Gott schenkt. Das ist etwas Faszinierendes, Universales. Christen sind universale Menschen. Sie sind keine Heroen, keine Halbgötter; sie sind Persönlichkeiten, die den demütigen Dienst Jesu Christi in dieser Welt fortsetzen sollen.

Wie Jesus sich nicht in die Parteien seiner Zeit einordnen ließ – weder die Pharisäer noch die Sadduzäer noch die Zeloten brachten das fertig –, so läßt sich auch christlicher Glaube nicht von rechts und nicht von links vereinnahmen; er ist genial und übergreifend. Er sucht sich auch nicht die Mitte. Christen übergreifen die Rechten und Linken und alles dazwischen.

Die moderne Geschichte hat gezeigt, daß weder die rechte noch die linke Position der Wirklichkeit entspricht.

Was heißt es, rechts zu sein? Stimmt es, daß die Rechten die Menschen mit der Angst sind? Das wäre schon unchristlich. Angst vor dem Kommunismus? Kommunismus ist natürlich etwas Böses. Aber die Reaktion der Angst ist schon falsch.

Und die Linken? Sind das die Menschen, die mit Ideologie und Utopie leben? Es wäre dumm, verantwortungslos und auch gefährlich, weil die Geschichte die Folgen solcher Experimente in marxistischen Staaten ganz klar gezeigt hat.

Deshalb sollte es heute einfach normal sein, weder links noch rechts zu stehen. Es ist schon überholt, glaube ich.

Vielleicht müssen die Christen außerhalb der Parteien stehen. Die Parteien müssen Dinge sagen und tun, gewähren und verbieten, Härten üben und ignorieren, wo der Christ ganz anders entscheiden muß.

Man muß deshalb alles konkret entscheiden und mal links sein, wenn das Gottes Wille ist, und dann wieder rechts sein, wenn das Gottes Wille ist, jeweils in der konkreten Entscheidung. Und dazu braucht der Christ natürlich den Geist der Unterscheidung, die Gabe zur Unterscheidung der Geister.

Die Bibel und das Christentum sind sehr konkret. Alles, was abstrakt ist, das ist zwingend, das versklavt. Die Abstraktion versklavt, ist menschenfremd, ist persönlichkeitsfremd. Das Christentum ist immer konkret, weil Gott das Heil des Menschen will.

Bestimmte Themen werden von bestimmten Parteien vertreten.

Aber wenn der Christ stumm bleibt und sich zu keinem Thema äußert, bleibt auch sein Einfluß stumm.

Wie soll er sich verhalten?

Politik hängt von den Menschen ab: in welchem Maße sie sich auf Kompromisse einlassen können.

Ich z.B. kann fast keine Kompromisse dulden. Da muß jeder selbst sehen, wo seine Grenzen sind. Ich will das an einem Beispiel erklären, das ich aus Athen kenne.

In Griechenland hat man jetzt nach der rechten Diktatur eine wirklich besessene linke Ideologie. Der Starez in der Nähe von Athen, Vater Porphirius, wird vom ganzen Volk in Griechenland sehr verehrt. Und die Rechten wollen das nun ausnutzen. Sie waren keineswegs gläubig, diese Rechten, aber plötzlich fingen sie an, in seine Kirche zu kommen. Sie besuchen jede Liturgie und jeden Abenddienst.

Vater Porphirius bemerkte das und verlegte diese Gottesdienste auf eine Zeit, in der sie nicht kommen konnten. Obwohl er gegen die marxistische Tyrannei ist, wollte er sich nicht einmischen. Er will nicht Priester der Rechten sein. Er weiß, daß seine Reaktion auch falsch ist – schließlich gilt sein priesterlicher Dienst Rechten und Linken; aber er will nicht ihr Aushängeschild sein, weder das der Rechten noch das der Linken. Das ist seine Position.

Sicher gibt es andere Möglichkeiten zu reagieren. Das hängt natürlich von den Menschen ab. Man kann sich dabei zwischen alle Stühle setzen, aber vielleicht muß man auch das wagen in der Gewißheit, daß Gott für alle da ist, für die ganze Welt, und das ist der Inhalt der christlichen Verkündigung: Er hat so sehr die Welt geliebt, daß er seinen Sohn hergab . . .

Im christlichen Deutschland, wo die meisten Menschen »Christen« sind, entstehen doch alle diese Bewegungen und Parteien nur deswegen, weil die Christen nicht Christen sind. Warum entsteht die linke Utopie? Weil die christliche Utopie nicht verwirklicht ist, nicht alltäglich verwirklicht ist. Man hat keine christlichen Perspektiven, keine Vorstellung, was es heißt, Christ zu sein und christlich zu leben, zu denken, zu entscheiden, zu arbeiten. Marxismus ist eine christliche Sekte gewesen. Das ist unsere Schuld.

Deswegen braucht man keine Angst zu haben vor den Bewegungen, man muß Angst haben vor sich selbst, weil wir nicht so leben, wie wir als Christen leben könnten und sollten.

Im prachtvollen Dom erscheint der hochwohlgeborene, hochehrwürdige Geheime General-Oberhofprediger, der erwählte Liebling der vornehmen Welt; er erscheint vor einem erwählten Kreis von Auserwählten und predigt gerührt über den von ihm selbst auserwählten Text »Gott hat das in der Welt Geringe und Verachtete auserwählt« – und niemand lacht.

Sören Kierkegaard

XVII. Gott schenkt Überfluß

Wer über die Persönlichkeit, über mystische Fragen, über die kosmische Dimension spricht, hat Zulauf. Das alles ist der Kirche im Westen verloren gegangen. Das kann man bei den Anthroposophen sehen. Die Charismatiker sind aufgekommen, weil der Heilige Geist in der Gemeinde keine Bedeutung mehr hatte. Das war möglich, weil man einer rationalistischen, kalten Theologie Tür und Tor öffnete. Für den Heiligen Geist blieb deshalb nur noch die Hintertür übrig.

Heute ist die Zeit des Heiligen Geistes, weil er die Freiheit, die Schönheit gibt, die Gesundheit des Denkens.

Der Heilige Geist hat für die meisten Menschen keine deutlichen Konturen. Man hat viel über Gott Vater geschrieben und gesprochen und über seine Offenbarung im Logos, dem Sohn. Über den Heiligen Geist hat man sehr wenig Konkretes geschrieben; praktisch hatte man ihn fast vergessen, bis ihn eben die Charismatiker wieder ins Gespräch brachten. Es ist ja gerade der Heilige Geist, der über alle Grenzen hinweg Christus im Christen so groß macht, daß die Christen einander eigentlich finden müßten. Er transzendiert immer über alle Grenzen. Das brauchen wir: über alle Grenzen, über alles Trennende hinweg zueinander finden im Heiligen Geist!

Schönheit ist immer ein Geheimnis. Schönheit hat mit Gott zu tun und, soweit wir sie wahrnehmen können, mit seiner Schöpfung.

Die Bibel spricht häufig von der Schönheit: Schön waren »die Töchter der Menschen« (1. Mose 6,2), Mose war schön, Saul und David waren schöne Männer; Esther, die den Pogrom gegen ihr Volk abwendete, war schön; der Berg Zion ragt schön empor, Jesus vergleicht das Reich Gottes mit einer schönen Perle. Deshalb meine ich, auch jede wirkliche Theologie müsse schön sein. Die Sprache muß schön sein, in der wir sie aussprechen; auch die, in der wir miteinander sprechen. Wir müssen auch schön sein, im tiefen Sinne des Wortes.

Aber die Kunst, die uns doch den Spiegel vorhalten soll, zeigt uns, daß wir nicht mehr schön sind und daß auch unsere Welt nicht mehr schön ist. Und doch ist es Kunst.

Es wird uns natürlich nicht leichtgemacht, diese Kunst zu sehen, zu akzeptieren. Aber das ist auch unsere Trägheit, die auch Rauschenberg z.B. gar nicht akzeptieren will, obwohl er sehr poetisch, sogar lyrisch ist. Aber freilich, vieles ist auch einfach talentlos, und die Zeit wird bestimmen, was bleibt und was nicht bleibt. Aber man kann den Spiegel, den uns die Kunst vorhält, nicht als Nicht-Kunst ablehnen.

Man kann die Augen abwenden. Aber der Mensch selbst bleibt auch in seiner Entstellung durch Schuld, Trägheit, Egoismus doch Mensch, und damit bleibt ihm immer ein Rest von der Ebenbildlichkeit Gottes erhalten.

Dagegen wird ein Mensch, der vom Heiligen Geist bestimmt ist, auch wenn er alt und schwach ist, schön bleiben. Er wird schöner, als er war. Die Zeit arbeitet für ihn. Besonders das Alter.

Ein Greis, der sein ganzes Leben nur als Materialist gelebt hat, hingegeben dem Genuß und der Angst vor dem Verlust, dem ist dieses Denken in seinen Zügen untilgbar eingeprägt.

Wenn man dagegen einen Starzen sieht, einen Greis, der für Gott gelebt hat, der Gott liebt und um sich herum Liebe verbreitet – da sieht man Schönheit. Obwohl er gebrechlich und physisch schutzlos ist. Er ist anders schön als die anonyme Schönheit der Jugend. In seine Züge haben sich Leiden und Mitleiden, Liebe und liebende Sorge, Vertrauen zu Gott und ein ganzes Gott hingegebenes Leben eingeprägt.

Das kann man auch bei den Frauen sehen, diesen schönen alten Mägden Christi. Ist das Gesicht der Mutter Teresa nicht schön? O ja, sie ist schön, und wie liebe ich ihre Schönheit!

Richtet nicht!

Sei besonders dessen eingedenk, daß du niemandes Richter zu sein vermagst. Denn es kann ja auf Erden niemand Richter sein über einen Verbrecher, bevor nicht dieser Richter selbst eingesteht, daß auch er genau so ein Verbrecher ist wie der, der vor ihm steht, und daß vielleicht gerade er mehr als alle anderen Schuld trägt an dem Verbrechen dessen, der vor ihm steht. Wenn er aber dieses einsehen wird, dann wird er auch Richter sein können. Das ist keineswegs sinnlos, wie sehr es auch sinnlos zu sein scheint. Denn wäre ich ja selber ein Gerechter, so würde vielleicht der Verbrecher, der vor mir steht, kein Verbrecher sein.

F. M. Dostojewski

Mein Herr und mein Gott, nimm alles von mir,
was mich hindert zu dir!
Mein Herr und mein Gott, gib alles mir,
was mich fördert zu dir!
Mein Herr und mein Gott, nimm mich mir
und gib mich ganz zu eigen dir!

Niklaus von der Flüe

XVIII. Zeit zum Fasten – Zeit der Buße

Fastenzeiten sind bisher die interessantesten Zeiten meines Lebens gewesen. Vierzig Tage lang das große Fasten vor Ostern! Hier im Westen ist es natürlich viel einfacher zu fasten, hier kann man alles kaufen. Nicht so in Rußland, wo man nur Kaffee und Brot zu sich nimmt und dann ganz schwach wird. Trotzdem war es hier auch schwer, weil ich sehr viel sprechen mußte und mit Menschen zu tun hatte und sehr viel Arbeit war, so daß ich mich eigentlich wie immer gefordert sah.

Man ißt kein Fleisch, keinen Käse, trinkt keine Milch, sondern ißt nur Gemüse, Salate, Kartoffeln, Reis … Schon nach zwei Tagen überfiel mich eine große Schwäche. Ich schleppte mich jeden Tag in die Kirche, und dort geht es einem wieder besser: Man vergißt sich.

Die Fastenliturgie ist etwas ganz Besonderes. Sie dauert sehr lange und ist ganz verinnerlicht. Man liest sehr viel, singt weniger als sonst – es herrscht eine Atmosphäre, die in eine andere Welt führt. Das Gefühl von Schuld und Reue bestimmt einen. Die Kirche weint. Alle weinen. Und dann die Gesänge und alle diese Texte, etwa die aus dem großen Kanon des Andreas von Kreta; wenn man singt oder liest: »Meine Seele, meine Seele, warum schläfst du! Es kommt die letzte Stunde …«

Aber welche meiner Sünden soll ich bereuen, beichten, beweinen – aus welcher Zeit? Nur was mir während des Gottesdienstes einfällt? Soll ich mich zu Hause weiter prüfen, aufschreiben und in die Kirche mitnehmen, was mir ins Gedächtnis kommt? Ich weiß nicht, wo ich anfangen soll, so weit ist meine Sündigkeit gegangen.

Der Mensch wird durch das alles in eine ganz andere Welt geführt, und deswegen nennt man die Fastenzeit Frühling; es ist der geistige Frühling, auch der physische Frühling, weil man den äußeren Menschen abstreift. Man reinigt sich. Man befreit sich von dem äußeren Menschen, der stumpf ist, wie die Kirche sehr gut weiß. Und man findet den inneren Menschen leichter, wenn man wenig ißt und sich von der ganzen Welt absondert. Kein Fernsehen. Möglichst wenig

Lärm. Man entdeckt eine dünne Schicht des Geistes, die einem sonst verborgen ist. Der Geist weht und durchdringt alles.

Das ist eine wunderbare Zeit! Es ist natürlich auch eine gefährliche Zeit, wenn man es riskiert, weiter ins Gebet einzudringen, alles zu bereuen, zu beichten – ich habe die Beichte als eine innere Revolution erlebt, wo der Beichtvater mir so viel zu sagen hatte und mich so streng geprüft hat, auch im Blick auf meinen Weg, auf meine Berufung. Er hat mir ganz klar gezeigt, wo ich abweiche.

Ich habe wirklich beweint, was ich falsch gemacht habe. Ich konnte schon nicht mehr verstehen, wie ich das tun konnte. Es war keine abstrakte Reue – ich habe mich geschämt, daß ich so gelebt habe.

Dann wurde ich einfach krank. Ich war drei Wochen lang krank, sehr schwach, aber doch in einer sehr guten geistigen Verfassung. Denn als ich so schwach war, während ich doch sonst »stark« bin, erkannte ich plötzlich, daß ich meine Kraft von mir selbst nehme. Ich warte nicht auf Gott, sondern versuche, alles selbst zu machen, und zwar kraft der eigenen geistigen und körperlichen Fähigkeiten.

Doch nun lag ich im Bett, unfähig zu arbeiten, und verstand es als eine Gnade, daß ich mich endlich als schwach erlebte.

Die letzte Fastenwoche ist bei uns die tiefste Woche, mit den innerlichsten Gebeten, die einen dann wie eine Wegzehrung für die Wüstenwanderung der nächsten Wochen – Monate stärken.

Jeder Tag war für mich ein Ereignis. Kein Tag war wie der andere. Der Montag. Der Dienstag mit der Ölsalbung, die man ja gewöhnlich vor dem Tod erhält. Aber so ist es: Der Mensch stirbt – nur symbolisch? – einmal im Jahr. Es ist wie eine Taufe. Sterben und auferstehen. Die Salbung gehört zur Auferstehung. Du wirst mit dem Öl der Freude gesalbt, siebenmal! Ich habe danach meine Freunde neu entdeckt – meine Freunde in Paris, sie waren alle in der Kirche. Ich fand, sie seien schön! Alte, ja häßliche Menschen waren wie umgewandelt. Das war das Freudenöl.

Dann kommt der Mittwoch und dann der Donnerstag mit der Eucharistie – unbeschreiblich! Spannend! Wir sind den ganzen Tag in der Kirche. Man ist an der Grenze der Kräfte. Besonders die Priester, aber wir auch. Wir leben aus den neuen Kräften, die Gott gibt, von Tag zu Tag neu. Das neue Leben. Man empfängt es, wenn man bittet: »Gib mir noch ein bißchen Kraft von Deiner Kraft!«

Ich kann aufrichtig hier im Westen sagen: Ich habe nur die Kirche, mehr nicht. Aber auch nicht weniger.

Ich habe alles verloren. Ich habe meine Freunde verloren, die ich wahnsinnig geliebt habe, für die ich jeden Tag mein Leben riskiert habe. Ich habe meine Heimat verloren, die ich auch liebe. Diese alten Frauen, die ich bewunderte, die ich geliebt habe. Alles. Die Möglichkeit, dort zu sprechen, die Möglichkeit, eine weitere Geschichte dort zu bewegen, wo sich im Unterschied zum Westen alles bewegte. Das Christentum ist etwas ganz Neues, was nicht veralten kann, weil der Herr alles neu, aus Totem lebendig macht. Und was lebt, kann nicht stagnieren.

Doch warum, so frage ich mich immer wieder, stagniert hier im Westen so vieles? Wo sind die erneuerten Christen, Schwestern und Brüder, die der Welt glaubhaft verkündigen: Hier ist Leben, lebendiges, ewiges, bewegendes Leben?

Es gibt hier viel Gutes. Alles, was man braucht, um existieren zu können. Aber ich würde nicht leben können ohne die Kirche, ohne den Glauben an den, der auferstanden ist und lebt und wirklich Leben schenkt. Und so lebe ich, weil ich Glied am Leib Christi bin.

Jeder Christ, der lebt, verursacht auch Bewegung. Ich sehe einzelne, die arbeiten und unter der Last der Arbeit fast zusammenbrechen. Ich glaube, daß Gott auch mir hier Aufgaben gegeben hat. Vielleicht kann ich auf meine Art und aufgrund meiner Erlebnisse ein wenig helfen. Und dann brauchen wir nur zu sehen, wie Gott das alles selbst ausrichten wird; wie er wachsen und weiterwachsen lassen wird.

Was wir tun, müssen wir in aller Demut tun. Das ist die Arbeit, die nicht immer wirklich große Früchte bringt. Aber jeder Christ ist verpflichtet, in Gottes Garten zu arbeiten, und da fühle ich mich wieder alleingelassen. Wo sind die Arbeiter, die alles andere zurückstellen, um an der wichtigsten Arbeit der Welt mitzumachen?

Ich glaube, daß der Westen ein großes Fasten braucht. Es werden vierzig Tage nicht genügen. Die Kirche müßte statt des Bußtags ein Bußjahr ausschreiben. Ich bin sicher, daß Gott darauf antworten wird.

Auferstanden ist Christus,
die ewige Freude!
Die Himmel sollen jubeln,
jauchzen die Erde.
Denn im Tod trat Christus nieder den Tod.
Aus der Hölle Schoße befreite er uns.
Gepriesen sei Jesus, der Herr,
und über alles verherrlicht allein!
Christus ist auferstanden.
Aufging das Licht.
Es brachte denen, die schliefen im Dunkel,
die Trauer verwandelt in Freude.
Das Freudenopfer umjubelt in gläubigen Herzen.
Das Freudenopfer, das errettet die Welt!
Gepriesen sei Jesus, der Herr,
und über alles verherrlicht allein!
Christus ist auferstanden!
Durch Dein Kreuz ist die Macht des Todes vernichtet.
Des Teufels Irrwahn entkräftet.
Durch Deine Auferstehung, Herr,
ist erleuchtet das All,
geöffnet das Paradies.
Gepriesen sei Jesus, der Herr,
und über alles verherrlicht allein!
Christus ist auferstanden,
die ewige Freude
und ist mitten unter uns!
Was suchet den Lebenden ihr bei den Toten?
Was beweint den Unverweslichen als Verweslichen ihr?
Weggewälzt ist der Stein, leer ist das Grab:
dem Grabe entstieg Christus.
Gepriesen sei Jesus, der Herr.
Und über alles verherrlicht allein!

Auferstehungsgesang der Ostkirche

XIX. Eschatologische Zeit

Wir müssen hier über die Askese sprechen: die Askese, die die Grenzen aufweist, in die der Mensch gesetzt ist, die ihm zu leben hilft.

Es gibt besondere asketische Zeiten. Es gab in Europa zum Beispiel den Krieg. Krieg ist schrecklich. Aber das war die Zeit des kollektiven Leidens, die asketische Zeit, wo man seine eigenen Grenzen gespürt hat. Wo man GOTT, das LEID, den anderen MENSCHEN plötzlich wahrgenommen hat.

Bei uns in Rußland lebt man heute in einer asketischen Zeit. Wir hätten vor der Revolution asketischer leben sollen, sagen unsere Starzen. Wir haben zu wenig gefastet, zu wenig gebetet.

Heute fasten wir. Wir müssen fasten, weil es jetzt Zeit dafür ist, die von Gott geschickte Zeit zum Beten und Fasten.

Es ist eine asketische Zeit, eine Zeit der Leiden, weil es eine eschatologische Zeit ist.

Man ist in solchen Zeiten mit den politischen oder sozialen Problemen nicht ununterbrochen beschäftigt, sondern man geht in die Tiefe, wenn man leidet – und wer sich umsieht, wird feststellen: Die Welt leidet.

Darum will ich diese Welt hier zur Askese ermutigen, weil man mit Hilfe dieser Askese in die Tiefe gehen kann. Weil man sich selbst begrenzt und plötzlich erlebt, wie Gott Raum gewinnt.

Aber so lebt man nicht nur asketisch, man lebt eschatologisch: gespannt im Gebet, gespannt im Opfer, gespannt in der Begegnung mit Gott.

So entstehen ganz andere Probleme. Es entstehen auch ganz andere Gespräche: Der Apparat ist abgestellt. In das Gespräch zieht der Mensch ein, er ist das Gegenüber, der Mensch mit seiner Not, mit seinen Enttäuschungen, mit erlebten Bewahrungen und Wundern: der Mensch und Gott.

Denn das persönliche Gespräch verbindet nicht nur mit dem Nächsten – wenn es echt ist, öffnet es auch für Gott, und in diesem Gespräch, in der Dreiecksbeziehung ich – Nächster – Gott, entfalte ich mich als Person. Ich werde reif: Ich spreche mit einem, der mir gleicht, und da gibt es den dritten: Gott.

Meine Mängel sprechen mit. Nur dann ist das Gespräch ein Gespräch: wenn ich offen bin. Das macht mich demütig, und so nehmen mich die anderen an, wie ich bin. In einem Gespräch, das schöpferisch ist, führen sie mich weiter. Hölderlin sagt: Wir sind ein Gespräch, solange wir leben, eine fundierte Struktur der Menschen, dadurch existieren wir. Ich existiere durch diese Gespräche, mehr als durch alles andere.

Heut ist die Zeit der Computer. Man spricht schon mehr mit dem Computer als mit den Mitmenschen. Die Kinder gewöhnen sich schon daran, mit den Computern zu spielen. Das hat mich sehr beeindruckt. Die Kinder von meinen Freunden spielen schon nicht mehr miteinander, sie streiten kaum noch miteinander, sie sitzen mit heißen Köpfen vor ihren Computern.

Da zeichnet sich eine katastrophale Entwicklung ab. Im Gottesdienst der katholischen Kirche hat man sogar die Liturgie gekürzt. Man hat die Freude verloren, beisammen zu sein. Die Freude zu sehen, wie der Mensch geboren wird. In jedem Augenblick des Gesprächs mit Gott, im Gebet, wird der Mensch neu. Du liebst diesen Menschen, und auch deine Liebe macht ihn neu, läßt ihn wachsen. Das muß auch im Gottesdienst geschehen.

Da man das Gespräch verloren hat, hat man auch das Gebet verloren. Das Gebet in der orthodoxen Kirche ist niemals individualistisch. Es entfaltet sich im Gottesdienst zwischen Gott und den Gläubigen. Doch sobald die Gläubigen das Gespräch verloren haben, ist alles gedämpft, alles ist heruntergestuft. So hängt die Kraft des christlichen Lebens auch von dem Menschen ab. Deshalb sprechen wir von der Askese. Wenn der Mensch des Westens doch darauf hörte, wenn er doch verstände, was ihm Gott in der Askese anbieten will!

Gott sei Dank, bei uns in Rußland ist es niemals so weit gekommen. Sogar die Sowjetmacht hat das Gespräch und auch das Gebet nicht zerstört. Das zerstört viel mehr die bürgerliche Zivilisation, die unmenschlich geworden ist.

Nicht die Christen, die es als erste wissen sollten, sondern die Atheisten warnen: *Nicht wir sehen fern, sondern das Fernsehen sieht uns.* Wir sind schon Objekte geworden. Das ist wissenschaftlich bewiesen. Ich sitze auch manchmal vor dem Fernseher, weil ich mich für alles interessiere. Aber könnte man nicht die Tage, die Wochen frei machen für sich, für die Freunde? Man sollte von Anfang an damit anfangen. Die Menschen hier sind krank. Man muß sich wirklich schon anstrengen, sich zwingen, wieder aus der Quelle des wirklichen Lebens zu leben.

Natürlich brauchen wir auch Informationen. Der Mensch lebt hier so gut und so bequem, daß er schon hören und sehen sollte, wo man leidet und was man alles verlieren kann. Aber diese Informationen werden einem verabreicht wie Pillen vom Arzt. Man kann sie sich nicht selbst auswählen. Man müßte in allen Teilen der Welt gleichzeitig sein, wollte man sich selbst informieren. So fängt man gar nicht erst an, sondern schaltet ein und läßt sich bedienen.

Doch viele Jugendliche, viele Intellektuelle, viele Menschen mit Verantwortungsgefühl sind schon weggegangen, ausgezogen, wie die Pilgerväter des 17. Jahrhunderts das gemacht haben, die Herrnhuter im 18. Jahrhundert und Hudson Taylor im 19. Jahrhundert.

Auch Mutter Teresa ist ein lebendiges Beispiel dafür und viele Missionare, die mit den Menschen der armen Länder leben. Ich würde selbst am liebsten weglaufen in die Dritte Welt, weil die Zweite mir versperrt ist. Aber ich glaube, es wäre nur Flucht. Die Menschen, die hier geboren sind, das sind westliche Menschen, mit westlichen Wurzeln. Es ist gefährlich, ihnen die Wurzeln herauszuziehen; sie könnten daran sterben. Es lohnt auch nicht. Gott ist überall, d.h. Gott hat diese westliche Welt auch nicht verlassen, und sie braucht uns.

Der Ausweg ist vielleicht gerade die christliche Kultur: sie zu empfangen und auszuüben, in ihr schöpferisch zu leben – und das heißt: einander lieben. Die Liebe muß so schnell reagieren, wie Gott selbst auf den Schrei des Beters reagiert. Das ist christliche Kultur.

Die Kultur hier ist noch christlich, wenn auch sehr oberflächlich christlich – aber das Christliche muß wieder tief einwurzeln. Deshalb braucht es Pflege – Kultur. Es gibt doch auch im Westen Heilige!

Das heißt, daß ich nicht in die Ferne gehen muß, um als Christ leben zu können, sondern daß ich meine Nachbarn lieben soll, die Menschen in der Nähe, die zum Teil mehr leiden als die in der Dritten Welt. Hier leiden sie vor allem moralisch, geistlich, viele Menschen. Es gibt so viele depressive Menschen!

Helfen ist schwer, aber man muß es lernen. Denn es gibt viel Arbeit. Um sie im Sinne des Evangeliums leisten zu können, brauchen wir die Erneuerung durch den Geist, das heißt, daß der einzelne sich durch Jesus Christus, durch sein Verhältnis zu Gott, zum Nächsten hin bewegen läßt und für den Nächsten da ist. Daß er, was er hat, für den Nächsten bereithält, und zwar geistig, geistlich und materiell, und damit das tut, was Jesus sagt: Liebe deinen Nächsten wie dich selbst.

Das ist christliche Kultur!

Heute gibt es viele Menschen, die das schon versuchen. Aber es gibt auch viele Ungeschickte, wirklich nicht kluge Helfer, die das Leid nur noch vergrößern.

Manchmal muß man einfach schweigen. Ein Bekannter hier in Paris hat gesagt: Wenn er und seine Frau das Leid sehen, müssen sie schweigen, aber immer dicht dabei sein. Das sind die Heiligen, die immer da sind, wo die Not ist, und im Namen Gottes – oft ohne diesen Namen auszusprechen – beistehen.

Man will helfen und spendet Gelder gegen Spendenbescheinigung und getragene Kleider für die Dritte Welt.

Aber schon Dostojewski hat das anders gesehen: Solche abstrakte Hilfe ist nicht eigentlich die Hilfe, die wirklich hilft. Das Wichtigste ist der Wille des einzelnen, einen konkreten Menschen so zu lieben, wie er ist, und dabei zu erfahren, was ihm hilft. Nicht irgendeinem oder irgendwelchen – »den Armen«, »den Ausgebeuteten« – sie brauchen auch Hilfe, ja; aber das ist abstraktes und deshalb nicht wirklich christliches Handeln; das geht nicht tief genug.

Jeder Mensch braucht Liebe, um leben zu können, ganz konkrete Liebe. Er will nicht nur als ein Proletarier oder als eine Frau oder als Jude geliebt werden, sondern als der Proletarier Fritz und die Frau Marie und der Jude Mosche. Das ist die Persönlichkeit, ein Mensch, der einen eigenen Namen hat, und jeder Mensch muß sich so fühlen dürfen, auch der Dieb im Gefängnis. Überall, auch in der schrecklichsten Armut, bleibt er der eine Mensch, einmalig, unteilbar und unverwechselbar der eine. Das müssen wir bedenken. Diese Er- kenntnis ist theoretisch nichts Neues, aber praktisch ist sie hier sehr wenig entwickelt. Deshalb ist die Hilfe so oberflächlich, so abstrakt und praktisch keine christliche Hilfe.

Das hört sich an, als müsse nun der einzelne Christ nur einen ein- zelnen Hilfsbedürftigen ins Auge fassen, die wenigen gegenüber so vielen. Aber das ist nicht gemeint, obwohl das auch so gehen kann.

Ich habe l'Abbé Pierre in Paris gesehen. Er hat Tausende aus der Verzweiflung herausgerettet – überall in Frankreich. Er hat auch quantitative Maßstäbe. Aber ich habe auch einige Male gehört, wie er spricht – da ist nichts Abstraktes. Wie er versteht, sofort auf den Punkt zu kommen, die konkrete Not im Menschen zu finden – er gibt Brot, aber er geht viel tiefer. Er gibt auch Licht und Wärme. Er gibt Liebe, seine ganze Liebe.

So wird ein Christ ein Helfer.

Wenn man nur mit frommen Gefühlen kommt,
kommt nichts Großes dabei heraus.
Es ist naiv.
Es fehlt die Wolke.

XX. Vom Lachen der Heiligen

Wer Mangel an Humor hat, leidet unter dem Geist der Schwere, über den Nietzsche gesprochen hat: Ein Zwerg, der einem auf den Schultern sitzt – der Geist der Schwere, der gegen den Geist der Heiterkeit arbeitet.

Das Christentum ist für mich etwas Heiteres, etwas Leichtes sogar. Es ist nicht schwer. Es ist ernsthaft, aber es ist so befreiend und so ermutigend, daß es froh macht. Es spricht Kinder an und wird von ihnen verstanden.

In der Welt gilt diese Leichtigkeit, diese Sorglosigkeit des Christen als Narrheit, und der Christ als ein Narr. Christus selbst hielt man für einen Narren: Er wurde verlacht, er wurde für einen Wahnsinnigen gehalten wie die Apostel auch und wie die Christen heute. Das ist die Torheit des Kreuzes.

Der christliche Narr ist der Mensch, der jede Sicherheit für äußerst unsicher hält; der sich auf einen Unsichtbaren verläßt, als sähe er ihn; der im Sterben hofft und im Leben stirbt und sich mit alledem bei den Klugen lächerlich macht.

Wir kennen Diogenes und seine Narrheiten – der christliche Narr ist anders. Er ist nicht faßbar. Weder Ironie noch Satire können das Christliche widerspiegeln oder vermitteln. Hier ist Humor ein richtiges Wort, der christliche Humor.

In der Ironie herrscht das Unendliche über das Endliche. In der Satire ist Stolz und etwas vom Bösen, vom bösen Geist. Der Humor hat keinen Stolz und keine Bosheit; er übt keine böse Kritik. Im Humor lebt das Endliche und zugleich seine Überwindung. Denn zum Humor gehören Weisheit und Liebe. Aber beides verbirgt der Humor.

Dostojewskis »Idiot« ist der Mann, über den man lacht: über seine Demut, seine Liebe. Das hat Dostojewski natürlich mit Absicht so gemacht. Anders kann man diese Liebe gar nicht zeigen. Humor verbirgt die Tiefe, die sowieso verborgen bleibt, und offenbart sie gleichzeitig in der Bereitschaft, verlacht zu werden, weil Christus sich auch auslachen ließ. Das gehört dazu.

Die christliche Liebe hat wie Don Quijote eine lächerliche Gestalt. Wenn ich die christliche Literatur betrachte, allein diese großen christlichen Werke wie Cervantes' »Don Quijote« oder Dostojewskis »Idiot«, in denen versucht wurde, etwas vom Wesen Christi zu zeigen – es ist nicht gelungen, diesen Figuren eine ernsthafte Gestalt zu geben, nicht in der profanen weltlichen Literatur, weil solche Größe immer geneigt ist zu stolzieren, wo sie einfach gehen sollte. Deshalb geht mit Humor alles besser – auch beim Heiligen. Er stolpert. Er zeigt – was natürlich ein Widerspruch ist – eine demütige Überlegenheit, denn wer Humor hat, steht eigentlich darüber.

Es gibt also eine Dialektik des Humors, eine sehr christliche. Der »Held« ist gleichzeitig unterlegen und trotzdem jenseits von jeder Niederlage.

Da ist Fürst Myschkin. Er ist wirklich ein Idiot. Er ist praktisch krank, physisch krank. Er erlebt eine Niederlage nach der andern. Er kann nichts dagegen tun. Er will helfen, aber er hilft niemandem. Wie Don Quijote – er will alles tun, tut aber nichts. Diese Typen sind kraftlos, ungeschickter als die anderen, sind Narren. Trotzdem sind sie so anziehend.

Don Quijote wurde in Rußland vor der Revolution von allen gelesen, und auch heute als Taschenbuch. Die heiligen Idioten Dostojewskis sind sympathische Helden, sympathischer als die Übermenschen oder die wirklichen Helden der Geschichte. Die Helden dieser Romane – »Helden« eher von der »traurigen Gestalt« – werden immer faszinieren; man meint, beim Lesen ihrer Geschichte müsse man hinter das Geheimnis der Liebe kommen, einer Liebe, die so stark ist, daß ihre Quelle jenseits vom Menschlichen überhaupt liegen muß, eine verborgene Quelle, die sich in solcher unbegreiflich demütigen Liebe offenbart oder auch weiter, tiefer verhüllt – je nachdem, ob jemand Augen hat zu sehen und Ohren zu hören.

Wir Christen in der orthodoxen Tradition erleben Gott immer als den verborgenen Gott. Er offenbart sich in Jesus Christus, bleibt selbst aber praktisch immer verborgen. Ich glaube, hier sind wir mit den Protestanten, mit Luther vor allem, in vielen Punkten einig. Wir denken hier ähnlich. Und doch frage ich mich manchmal, ob gerade die Protestanten wirklich das Geheimnis Gottes in Christus sehen – müßte sie das nicht überwältigen?

Die heutige Gesellschaft im Westen wie im Osten ist sehr unbeweglich, sehr undynamisch und sehr tyrannisch geworden. Der Staat, die Bürokratie, überhaupt alle Systeme haben etwas Unmenschliches an sich. Die Menschen, die Christen auch vor allem, sind sehr oft die Konformisten, d.h. angepaßte Bürger. Das ist eine große Schuld, ihre größte Sünde vielleicht, weil doch gerade die Christen die Befreiungskraft haben müßten; aber statt dessen tragen sie die toten Strukturen. Deshalb ist die Kluft zwischen der Wahrheit des Evangeliums und unserem alltäglichen Leben so groß.

Diese Kluft muß man überwinden. Das haben die Heiligen und auch die Propheten getan. Diese Kluft hat es immer gegeben, schon von Anfang des Christentums an. Und von Anfang an gab es auch die christlichen Narren, die gesprungen sind. Bei uns ist das eine Art, heilig zu sein: der christliche Narr in der orthodoxen Tradition, der sich mit dieser Kluft nicht abfinden kann.

Aber nicht nur bei uns. In der westlichen Tradition gibt es z.B. Franziskus von Assisi, die Torheit des Kreuzes, die auch in der protestantischen Tradition so geliebt – zumindest gepredigt wird. Es gibt also überall den christlichen Narren, und wir Christen sind in dieser Welt die Vertreter und Verkündiger der christlichen Torheit. Wir verkündigen sie bis heute, sprechen starke Worte gegen falsches Harmonisieren, die zerstörerischen falschen Ordnungen, diese bürgerliche Bequemlichkeit, und suchen sie zu sprengen – und es ist Gottes gnädiger Humor, daß er sich das alles anhört und uns trotzdem liebt. Und sobald wir nach allem, was wir so verkündigen, auch leben wollen, brauchen auch wir den Humor – unsere beste Waffe.

Aber das ist nicht nur der Humor. Es gibt bei uns heute in Rußland Narren Christi, die grotesk sind. Humor ist dagegen eine milde, freundliche Form. Die wirklichen heiligen Narren sind eher grotesk, und darin sind sie ganz modern. Die Groteske ist eine höchste Spannung zwischen diesen zwei Ebenen, in deren Mitte die Kluft liegt. Grotesk ist es gerade, über dieser Kluft zu leben – nicht mehr voll in der Vergangenheit, noch nicht voll im neuen Jerusalem, sondern in dieser Welt, wo die Lüge herrscht und in die hinein trotzdem schon der Himmel strahlt. Aber die Groteske ist ja nicht jedermanns Sache; ist wohl auch nicht jedermanns Aufgabe, weil sich dahinein so schnell der Stolz mischt. Denn die Narren müssen demütig sein.

Aber es müssen natürlich auch Menschen da sein, die nicht als Narren schockieren, die eine humorige, freundliche Gelassenheit an den Tag legen und anderen damit auch Mut machen, gelassen zu sein.

Humor ist Angstlosigkeit, d.h. mit Humor kann man alles annehmen, alles, was in dieser Welt auf einen zukommt. Ich kenne humorvolle Starzen, die, wenn sie nicht im Gebet sind, den Menschen mit Humor und Weisheit begegnen. Anders kann man sie sich nicht vorstellen. Humor ist also eine Art Feuchtigkeit, Saft, wenn man das so übersetzt. Man muß frisch sein, nicht trocken. »Taufrisch« könnte man sagen. Es gibt einen Vers aus dem 17. Jahrhundert, der macht das deutlich – er sagt übrigens auch etwas über Kultur aus:

». . . dann man an der Kleidung gar bald und leicht abnimmt,
wie Herz, Rede und Zung auch Humor zsamen stimmt.«
Es ist eine Fraulichkeit des Geistes: Man muß empfangen können. Das ist Humor. Man nimmt alles an, was geschieht, angstlos, mit kindlichem Vertrauen und ohne sich selbst irgendwie zu ernst zu nehmen, was man doch sehr oft tut.

Ich habe bei Çorau, einem französischen Philosophen, gelesen, in der heutigen Welt gebe es nur zwei Weisen, das Leben sinnvoll zu leben: Man muß entweder heilig oder humorvoll sein. Das schreibt ein Atheist, ein kämpfender Atheist.

Ich glaube, man muß beides sein, heilig *und* voller Humor. Aber viele Gläubige vergessen, daß auch der Heilige, der Gott Zugewandte, Humor braucht. Dann ist er seinen Mitmenschen näher. Er sieht die Proportionen mit Gottes Augen richtig und hat nun den Humor, das oft Wunderliche solcher Proportionen am Menschen ertragen zu können. Deswegen ist diese Heiligkeit auch angstlos, kindlich, vertrauend; sie hat viele Merkmale mit dem Humor gemeinsam.

Wenn Paulus an die Heiligen in Rom, an die Heiligen in Ephesus usw. schreibt, dann meint er ja nicht Heilige, die über jeden Tadel erhaben sind, sondern er meint Heilige in der Kirche. Wenn man solch eine Gemeinde von Christen näher ansieht, unter denen es doch auch recht sonderbare Heilige gibt, könnte man dem Paulus und überhaupt jedem, der die Kirche und ihre Heiligen liebt, Humor zugestehen – ja, am allermeisten Gott, der so zu ihr hält, daß er sie als seinen neuen Leib beschreibt.

Wieviel Humor gehört zu solcher Liebe!

Nachwort

Ich will noch etwas sagen: Wir leben wirklich in einer Welt, in der Gott schon als tot erklärt wird, nicht nur erklärt, sondern durch die Zivilisation, durch die Autonomie des Menschen und dessen Macht über die Schöpfung ausgeschaltet. Gottes Existenz wird nicht mehr geleugnet – diese Mühe macht man sich schon nicht mehr – sie wird ignoriert. Die Welt hat sich ihrem Schöpfer entzogen. Nun lebt sie mit dem Nichts.

Wir können nicht leben wie im Mittelalter, als die Religion das Leben prägte. Wir leben heute und müssen mit dem Nihilismus und der »Gott ist tot«-Ideologie rechnen. Die Philosophen von Nietzsche bis Lacan haben gezeigt, was diese Lücke, dieses schwarze Nichts bedeutet.

Inzwischen ist diese Kluft zwischen der Welt der Ideale, die an die Stelle Gottes getreten sind, und der Alltäglichkeit noch tiefer geworden, da der Nihilismus keine Randerscheinung mehr ist, sondern die herrschende Ideologie der Intellektuellen. Deswegen ist es besonders heute ein Problem zu transzendieren, d.h. lächerlich zu sein. Die Menschen haben sich die tollsten Ersatzstücke aus der Mottenkiste des Teufels geholt, so daß Verrücktsein nun die weltliche Alternative zum Nihilismus wurde und die Transzendenz des Gläubigen verwechslungsfähig: Was tritt da in Erscheinung?

Gott?

Wer?

Alejchem, Scholem, Dein aschenes Haar, Sulamith. Ostjüdische Geschichten, © 1981 Eugen Diederichs Verlag Düsseldorf-Köln

Anselm von Canterbury, Monologion. Proslogion. Die Vernunft und das Dasein Gottes. Deutsch-lateinische Ausgabe, übersetzt, eingeleitet und erläutert von Rudolf Allers, Verlag Jakob Hegner Köln 1966

Asadowski, Konstantin (Hrsg.), Rilke und Rußland. Briefe, Erinnerungen, Gedichte, © Aufbau Verlag Berlin und Weimar 1986

Chesterton, Gilbert U., Franziskus. Der Heilige von Assisi (Fischer Taschenbuch), © 1981 Verlag AG Die Arche, Zürich

Dostojewski, F. M., Die Brüder Karamasow. © Insel Verlag 1921, Inseltaschenbuch 974, 1. Aufl. 1986 Insel Verlag Frankfurt am Main

Hamann, Johann Georg, zitiert aus Martin Seils (Hrsg.), Johann Georg Hamann, Eine Auswahl aus seinen Schriften. Entkleidung und Verklärung. 2. Aufl. R. Brockhaus Verlag Wuppertal 1987

Kierkegaard, Sören, Religion der Tat. Sein Werk in Auswahl, Hrsg. E. Geismar (Kröners Taschenausgabe Bd. 63), Kröner Verlag, Leipzig o.J.

Von der gleichen Autorin:

Die Rettung der Verlorenen

Bekenntnisse

96 Seiten, R. Brockhaus Taschenbuch, Bestell-Nr. 20333

Hier beschreibt die Autorin die verschiedenen Stadien ihres Werdens, und wie sie die geistlichen und kulturellen Aufgaben des Christen in der Welt und in der Kirche sieht.

R. BROCKHAUS VERLAG WUPPERTAL